예수

헬렌 본드 지음
이학영 옮김

예수

초판1쇄 발행 2020.07.15

지은이 헬렌 본드
옮긴이 이학영
디자인 장미림
발행인 이학영

발행처 도서출판 학영
전화 02-853-8198
주소 서울시 관악구 남부순환로 168길 68-3
이메일 hypublisher@gmail.com

ISBN 979-11-970355-7-9
정가 15,000원

이 도서의 국립중앙도서관 출판시도서목록(CIP)은 서지정보유통지원시스템 홈페이지(http://seoji.nl.go.kr)와 국가자료공동목록시스템(http://www.nl.go.kr/kolisnet)에서 이용하실 수 있습니다.(CIP제어번호: CIP2020026876)

'우리 가족에게

- 키이스, 카트리오나, 스코티 -

내 사랑을 담아'

예수

목차

연대표

주전 164년

안티오코스 에피파네스가 예루살렘 성전을 더럽히고
유대인의 관습을 금지시킴으로써 마카비 항쟁을 불러일으키다

주전 63년

로마 장군 폼페이우스가 〔예루살렘을〕 점령하고 조공을 요구하다

주전 37 - 34년

헤롯1세(헤롯대왕)의 통치

대략 주전 4년

예수의 탄생

주전 4년 - 주후 39년

헤롯 안티파스의 갈릴리와 베레아 통치

주후 6년

로마 속주의 탄생 — 유대〔Judaea〕

주후 19 - 37년

대제사장 요셉 가야바

주후 26 - 37년

유대 총독 본디오 빌라도

연대표

대략 주후 30년

예수의 십자가 처형

대략 주후 34/5년

다소의 바울이 새로운 운동에 참여하다

주후 50년대

바울이 그리스도의 메시지를 지중해 동부 전역에 전하고
몇몇 교회들에 편지를 쓰다

주후 66 – 70년

로마와의 유대 전쟁

주후 70년

예루살렘 성전의 파괴

대략 주후 70년

마가복음이 기록되다

대략 주후 80 – 100년

마태복음, 누가복음, 요한복음이 기록되다

주후 313년

밀라노 칙령

연대표

주후 325년

니케아 공의회

주후 326 – 328년

헬레나 황후의 예루살렘[Holy Land] 방문

주후 431년

칼케돈 공의회

주후 525년

디오니시우스 엑시구스[Dennis the Small]가 BC[주전]/AD[주후] 연대 체계를 만들다

주후 7세기 초반

이슬람의 시작

주후 15 – 18세기

'대항해시대'와 기독교 선교

주후 1517년

마르틴 루터가 **95개 논제**를 쓰고 종교개혁을 시작하다

주후 1634년

오버라머가우[Oberammergau]에서 처음으로 예수의 수난극이 공연되다

예수

서론

대략 주후 30년, 로마 제국 동쪽에 위치한 작은 속주에서 한 유대인 예언자가 로마의 십자가 처형이라는 잔혹하고 수치스러운 최후를 맞이했다. 갈릴리에서 나사렛 예수는 혁명적인 말씀을 전하고 또한 치유자와 귀신 축출자〔exorcist〕로서 비상한 능력을 드러냄으로써 소동을 일으켰다. 예수는 자신을 따르는 무리들을 불러 모았으며, 그 메시지는 예루살렘까지 전해졌는데, 때마침 예루살렘은 분주한 유월절을 맞아 순례자들로 가득 차 있었다. 그러자 폭동을 우려한 로마 총독은 예수를 체포하고 그의 처형을 명령했다.

이러한 소동들은 으레 그와 같은 결말로 끝이 났다. 예수는 처음으로 등장한 유대 메시아도 아니었고 또한 마지막으로 나타난 유대 메시아도 아니었다. 다른 메시아들로부터 예수를 구별해내는 것은 바로 그의 제자들의 주장이다. 곧 제자들은 하나님께서 예수를 죽은 자들로부터 일으키셨고, 예수는 지금 하늘에서 전능자와 함께 보좌에 앉아있으며, 또한 예수의 죽음과 부활은 모든 사람들이 이스라엘의 하나님과 새롭게 관계를 맺을 수 있는 길을 연 것이라고 주장했다. 이러한 주장들은 시간이 흐를수록 강화되어 마침내 예수의 제자들은 그들이 가졌던 유대 뿌리들로부터 벗어나기에 이른다. 여기에 비-유대인 회심자들이 더해지면서 결국 세계에서 가장 큰 종교, 즉 기독교의 원형이 만들어진다.

짧은 분량의 본서는 예수와 그의 유산에 관한 개요를 제공하고자 한다. 전반부에서는 로마의 통치하에 있는 고향 땅에 살았던 역사 속 한 인간, 한 갈릴리 유대인에 대해서 살펴볼 것이다. 우리는 예수의 유대적 유산과 그가 보여준 기적, 말씀, 그리고 그의 친구들과 적대자들, 최후의 처형에 관해서 살펴볼 것이다.

본서의 후반부에서는 신약성경 본문에 드러난 예수의 삶에 관한 서로 다른 이야기들로 시작하여 그가 남긴 유산 전반을 정리할 것이다. 또한 성경에 담기지 않은 예수의 초상들 곧 온전히 정통적인 것으로 간주되는 묘사와, 그렇게 간주되지 않는 묘사 모두를 함께 살펴볼 것이다. 우리는 콘스탄티누스의 회심이 그리스도의 메시지를 어떻게 진전시켰는지도 탐구할 것이다. 또한 우리는 유대인의 예언자가 이방인의 하나님으로 전환되는 장면과, 이후 중세 시대 내내 유물, 예술, 기적극[성경의 내용으로 이루어진 극 형태이며 11-14세기에 유행했다—역주]을 통해 표현되는 예수 섬김[Jesus devotion]이 확산되는 모습도 살펴볼 것이다. 세계의 종교들 가운데서 예수를 살펴보기도 할 것이다. 즉, 기독교의 신앙뿐만 아니라, 이슬람 안에서 예수의 높여진 위치, 그리고 유대교 안에서 예수의 모호한 역할에 대해서도 살펴볼 것이다. 마지막으로 세속적인 근대 서구세계에서 바라보는 예수, 특히 영화나 소설에서 묘사되는 예수의 모습과, '문화로서의 기독교'라는 현상을 살펴보려 한다.

하지만 먼저 우리는 가장 기본적인 질문들을 던져야 할 필요가 있다. 정말로 예수는 존재했는가? 만일 그렇다면 예수의 생애를 재현하는데 있어서 가장 신뢰할 만한 자료들은 어디에서 찾을 수 있는가?

제1부

나사렛 예수

제1장
예수는 존재했는가?

1909년 독일의 사상가, 아서 드류[Arthur Drews]('드레프스'로 발음)는 예수가 결코 존재한 적이 없었다는 논란을 일으키는 주장으로 큰 소동을 일으킨 바 있다. 드류는 그의 저서, 『그리스도 신화』[*The Christ Myth*]에서 그리스도인들에게 중요한 것은 '역사 속 예수'가 아니라, 현재에 각 개인이 부활한 예수와 만나게 되는 것이라고 주장했다. 드류는 역사적 예수는 그저 신화일 뿐이며, 이는 처음에는 바울을 통해서 발전했다가 이후에는 복음서 저자들을 통해 확장된 것이라고 주장했다. 드류의 견해는 그다지 학자들의 관심을 끌지 못했지만 놀랍게도 그 주장은 계속해서 지속되었다. 1970년대 조지 알버트 웰스[G. A. Wells]도 이와 유사한 생각을 제시했으며(이후 자신의 견해를 수정하긴 했다), '신화론자'의 이론들 역시 오늘날 여전히 인터넷에 두루 퍼져있다. 실제로 최근에 한 여론 조사에 따르면, 영국에 사는 18-34세 가운데 25%는 예수를 신화적 혹은 허구적인 인물로 생각한다.

사실 예수에 대한 고대의 증거는 상당히 이른 시기에 나타나며 또한 광범위하게 발견된다. 물론 2세기 초반까지 로마 엘리트 계층에 속한 그 어떤 이도 예수를 언급하지 않았다는 점은 사실이지만, 이것이 특별히 놀랄 만한 일은 아니다. 대체로 로마인들은 '새로운' 종교들에 대해서 의혹을 품었다. 로마인들은 예수와 그를 따르는 운동이 사회를 혼란스럽게 하는 위협이 될 때에나 그나마 관심을 기울였을 뿐, 그 유래에 대해서는 주의 깊게 살펴볼 만큼 자신들을 낮추지 않았다. 예수에 대한 가장 이른 시기의 언급은 로마의 역사가 타키투스〔Tacitus〕에게서 나온다. 타키투스는 주후 60년대 중반에 일어난 로마 대화재 이후에 있었던, 네로〔Nero〕의 잔혹한 기독교인 박해를 묘사하는데, 이제는 유명해진 그 글의 단락은 그리스도인의 유래에 대해 간략하게 기술하고 있다. 타키투스는 희생자들이 그들의 호칭을 **크리스투스**[그리스도]—'행정관〔procurator〕, 본디오 빌라도의 선고로 티베리우스 지역에서 사형에 처해지는 인물'—로부터 따왔다고 설명한다.[1]

전적으로 확실한 것은 아니지만, 예수에 대한 유대인의 증거는 더 이른 시기에 발견되기도 한다. 유대인 역사가 요세푸스〔Josephus〕는 1세기 말에 그가 기록한 유대 역사 이야기에서 예수를 언급하고 있다.

> 이 때 **만일 우리가 그를 한 인간으로 불러야 한다면**, 현자〔a wise man〕라고 해야 할 예수라는 이가 있다. 그는 놀라운 일들을 행했으며 또한 진리를 기꺼이 받아들이는 사람들의 선생이었다. 그는 수많은 유대인들과 그리스인들의 지지를 받았다. **그는 메시아**〔Messiah〕**였다**. 우리 가운데서 가장 높은 자리에 있는 사람들이 예수를 고소했음을 빌라도가 듣고 그를 십자가형에 처했을 때도, 처음부터 예수를 사랑했던 사람들은 결코 그에 대한 사랑을 저버리지 않았다. **셋째 날 예수는 되살아나 그들에게 나타났다. 하나님의 예언자들이 그를 두고 이러한 일들, 곧 수많은 놀라운 사건들을 예언했었기 때문이다.** 그리고 그의 이름을 따라 '그리스도인들'이라고 불리게 된 족속들〔tribe〕이 오늘날에 이르기까지 여전히 사라지지 않고 있다.[2]

---

1 Tacitus, *Annals*, 15.44. Loeb Classical Library vol. 322, trans. John Jackson (Cambridge, MA: Harvard University Press, 1989), p. 283.

2 Josephus, *Jewish Antiquities*, 18.63-64. Loeb Classical Library vol. 433, trans. Louis H. Feldmann (Cambridge, MA: Harvard University Press, 1965), pp. 49-51; **강조 표시 추가.**

요세푸스는 바리새파 유대인이었다. 요세푸스가 기록한 다른 어떤 글에서도 기독교 운동에 대해 그가 공감을 표했다는 증거가 발견되지 않는다. 그렇다면 위 인용문에서 강조 표시된 문구들 중 그 어떤 것도 요세푸스가 기록했으리라고 보기는 어려울 것 같다. 이러한 난관에 더해, 요세푸스의 작품들을 잘 알았던 주후 3세기 교부 오리겐은 '요세푸스는 그리스도인이 아니었다'라고 딱 잘라 말한 바 있다. 이러한 입장은 위 인용문을 알았다면 쉽게 취할 수 없는 입장이다. 이전 세대의 학자들은 이 단락 전체가 후대 기독교의 삽입이라고 가정했던 반면에, 오늘날에는 그리스도인 필사자가 강조 표시 된 문장들을 덧붙임으로써 바뀌게 된 것이라고 보는 것이 더 일반적이다. 이 문장들을 제거하게 되면 1세기 유대인이 기록하지 않았던 부분은 사라지게 될 것이다. 그 본래 내용은 아마도 다음과 같았을 것이다.

> 이 때 현자라고 해야 할 예수라는 이가 있다. 그는 놀라운 일들을 행했으며 또한 진리를 기꺼이 받아들이는 사람들의 선생이었다. 그는 수많은 유대인들과 그리스인들의 지지를 받았다. 우리 가운데서 가장 높은 자리에 있는 사람들이 예수를 고소했음을 빌라도가 듣고 그를 십자가형에 처했을 때도, 처음부터 예수를 사랑했던 사람들은 결코 그에 대한 사랑을 저버리지 않았다. 그리고 그의 이름을 따라 '그리스도인들'이라고 불리게 된 족속들이 오늘날에 이르기까지 여전히 사라지지 않고 있다.

물론 그리스도인 편집자가 단락에서 적합하지 않다고 생각되는 부분들을 생략했을 수도 있다. 이것이 빌라도의 임기 동안에 발생한 일련의 '소동들' 안에서 발견된다는 점은, 그 원래 버전은 다른 무언가, 즉 아마도 성전에서 예수가 소동을 일으킨 사건을 담고 있었을 것이란 점을 시사한다(48-50쪽을 보라). 요세푸스는 약간의 실수를 저질렀는데, 이를테면, 예수가 그리스인들에게 설교를 했다는 증거는 없다. 또한 초기 그리스도인들을 '족속'이라 부른 것도 좀 유별난 점이다. 그럼에도 불구하고 이는 예수에 대한 초기의 언급으로서 대단히 가치가 있다. 특히 예수가 죽은 지 불과 몇 년 만에 태어난, 예루살렘 출신 유대인의 언급이란 점에서 더욱 그러하다. 요세푸스는 그보다 더 나이가 많은 가족 구성원들을 통해 대체로 신뢰할 만한 정보에 접근할 수 있었을 것이다. 또한 요세푸스는 그가 기록을 남겼던 1세기 후반 로마에서 유대인들이 그리스도인들을 어떻게 생각했는지를 보여준다.

우리가 가진 증거들 중 나머지는 그리스도인들의 자료로부터 나온다. 예수에 대하여 우리가 가진 가장 초기의 연결 고리는 바로 바울의 편지들이다. 이 위대한 사도는 지중해 동쪽 전역에 교회들을 세웠고 그곳의 사람들과 편지로 연락을 주고받았는데, 그 편지들 중 다수가 여전히 신약성경 안에 남아있다. 편지들은 모두 주후 50년대, 즉 예수의 죽음 이후 20여 년이 지난 시간에 기록되었다. 바울은 다소(현대의 터키 지역) 출신임에도 불구하고 예루살렘에서 상당한 시간을 보냈고 주후 30년대에도 그곳에 있었다. 바울은 부활한 예수에 대한 환상 이후 예수를 가장 가까이에서 따랐던 사람들, 곧 베드로와 다른 제자들, 그리고 예루살렘 교회의 지도자로 세워진 예수의 형제 야고보를 알게 되었다. 확실히 바울은 나사렛 예수에 관하여 신뢰할 만한 정보를 얻을 수 있는 탁월한 위치에 있었다. 또한 바울의 편지들이 기록된 시기가 그의 증언을 더욱 훌륭한 증언으로 만든다. 우리는 이 위대한 사도가 역사적 인간[예수]에 관하여 더 많은 언급을 했기를 바랄지도 모른다. 바울에게 있어서 예수의 삶의 결정적인 장면은 그의 죽음과 부활이었다. 바울은 모든 것을 뒤바꾼 것이 바로 이 죽음과 부활이라고 생각했다. 바울의 편지들 대다수는 이 사건들의 의미, 특히 이 사건들이 비-유대인 회심자들에게 갖는 의미를 파악하려는 노력을 담고 있다. 물론 바울은 예수의 다른 사역에 대해서도 꽤 많은 내용을 기록했다. 바울은 예수의 이혼에 관한 가르침(고전 7:10-11)과 복음을 전하는 자들을 물질적으로 지원하는 일에 대한 가르침(고전 9:14), 그리고 이 세계의 종말에 관한 가르침(살전 4:15-17)을 언급한다. 또한 바울은 마지막 만찬에 관한 가장 오래된 이야기를 제공한다(고전 11:23-25).

바울의 증언은 주후 70-100년 어간에 기록된 신약성경 사복음서를 통해 대체로 확증된다. 본서 제2부에서 보게 되겠지만 복음서들은 각 저자들이 가지고 있었던 부활절 이후의 기독교 신앙을 반영하고 있다. 하지만 이것 때문에 복음서들을 역사적 자료로 사용하는 일을 멈출 필요는 없다. 모든 글은 결국 저자의 관점을 반영하게 되어있다. 편견 없는 이야기에 접근할 수 있는 기회란 사실 존재하지 않는다. 심지어 예수의 생애 동안에도 어떤 이들은 그를 예언자로, 메시아로, 어쩌면 그 이상으로 여기고 믿었으나, 또 어떤 이들은 그를 그저 사기꾼으로 혹은 거짓 예언자로 치부했다. 이상적인 측면에서 역사가는 이 모든 견해에 접근하여 모든 사안을 설명할 수 있는 그림을 그려내려고 애쓴다. 예수를 따랐던 자들이 기록한 전기들[biographies]만이 남아 있다는 사실은, 주어진 정보를 조사하고 역사적인 개연성을 판단하는 일을 더욱 어렵게 만들긴 하지만 그렇다고 해서 그 일이 불가능한 것만은 아니다.

마가복음은 역사가들에게 가장 중요한 자료다. 학자들은 대체로 마가복음이 가장 오래된 복음서라고 생각하는데, 이는 아마도 주후 70년 직후에 기록되었을 것이다. 또한 마태복음과 누가복음은 마가의 복음서를 중요한 자료로 사용했던 것으로 보인다. 마태와 누가는 각기 자신들의 관심사를 반영하기 위해서 마가복음을 수정하거나 편집했다. 때로 우리는 '원천'〔출처〕이란 뜻을 가진 독일어 Quelle의 첫 자를 따 'Q'라고 알려진 가상의 문서에 주목해야 할 때도 있을 것이다. 이 문제에 대한 학자들 간의 의견이 일치를 보이진 않지만, 지배적인 견해는 Q가 마태와 누가 모두에게 사용된 두 번째 자료를 가리킨다고 본다. 이 가상의 문서는, 마가복음에서는 발견되지 않지만 마태와 누가가 공유하는 자료를 따로 떼어내는 방식으로 재구성될 수 있다. Q는 **기록된** 문서였을 것이라 추정되는데, 그 이유는 이런 방식을 통해 발견된 어록들이 대체로 동일한 순서로 나타나기 때문이다. 이렇게 나온 자료는 약 70개의 짧은 단락에 이르며, 주로 예수의 어록들로 구성되어 있다. Q의 연대는 불분명하다. 학자들은 주후 50년대와 70년대 사이 그 어느 시점으로 보지만, 우리가 확실히 아는 것은 그것이 마태와 누가의 복음서보다 앞선 시기의 것이란 점이다. 여하튼 Q는 예수에 대하여 두 번째로 이른 시기의 증언이라 할 수 있으며, 실제로 예수가 가르쳤던 내용을 적절하게 반영한다고 볼 수 있다.

역사적 예수를 연구하는 학자들 대다수는 요한복음에 대해 약간의 경계심을 갖고 있다. 모든 복음서들이 분명한 신학적 의제〔agenda〕를 갖고 있긴 하지만, 요한복음의 경우엔 그것이 유독 뚜렷해 보이기 때문이다. 요한복음에서 예수는 하나님의 성육신으로 나타나며, 기나긴 담론에 참여하기도 하고, 그의 지위와 사명을 놓고 적대자들과 공공연히 논쟁을 벌이기도 한다. 하지만 신뢰할 만한 역사적인 전승의 조각들도 곳곳에 있다. 물론 정확히 어떻게 그것들을 집어낼 지에 대해선 의문의 여지가 있다. 몇몇 학자들은 신약성경 밖의 문헌들, 특히 **도마복음**과 **베드로복음**에 관심을 두기도 한다. 하지만 이 복음서들의 현존하는 형태를 살펴보면 두 복음서 모두 주후 2세기 문헌이라 할 수 있다. 이 복음서들이 이전 시기에 속한 어떤 중요한 자료를 담고 있다는 점에 대해서는 확실한 증거가 없다. 우리는 본서 제2부에서 도마복음과 베드로복음을 좀 더 자세히 살펴볼 것이다.

예수가 로마 제국의 한 작은 지역에 살았던 소작농이었음을 감안하면, 우리는 예수의 존재에 대해서뿐만 아니라, 그의 삶의 과정과 심지어 그가 가르친 내용에 대해서도 놀라울 정도로 뛰어난 증거를 갖게 된다. 물론 우리가 가진 모든 자료들은 신중하게 사용되어야 한다. 하지만 예수가 존재했었다는 점과 또한 그에 대해 우리가 무언가를 말할 수 있다는 점은 의심의 여지가 없다. 아주 개괄적으로 말하자면, 예수에 대해 우리가 가진 최고의 증거는 마가복음과 Q에서 나온다고 말할 수 있다. 이 문헌들은 이후의 윤곽을 그려낼 수 있는 토대를 제공한다. 예수의 역사적 초상을 그리는 작업을 시작하기 전에, 우리는 먼저 예수가 살았던 시대 속 몇 가지 생각들을 살펴볼 필요가 있다.

제2장
정치적 배경과 초기 생애

우리는 예수가 태어나기 200년 전보다 더 이전 시기, 즉 주전 3세기 알렉산더 대왕이 수많은 전투에서 승리를 거두던 시기에서부터 이야기를 시작할 필요가 있다. [당시] 이스라엘은 아직 세계에 알려지지 않았던 가장 큰 제국 안으로 편입되었는데, 이 제국은 군사 정복의 토대 위에 세워졌을 뿐만 아니라, 언어를 공유하고(알렉산더의 모국어인 그리스어), 문화를 공유한다는—그리스의 사상이 동방의 철학, 예술, 신앙과 섞여 혼합된 것을 가리키며 소위 헬레니즘으로 알려져 있다—목표 위에서도 세워졌다. 다른 피지배인들과 마찬가지로 유대인들은 자신들의 신앙과 관습을 간섭받지 않는 한, 상대적으로 흔쾌히 새로운 방식들을 받아들였던 것 같다. 또한 이 시기 동안 계속해서 그리스 양식의 건축, 철학, 정치, 심지어 언어가 이스라엘 안에 조금씩 유입된 것으로 보인다. 특히 예루살렘은 완전히 헬레니즘화 되었다. 하지만 역설적이게도 그 땅에서 가장 유대적인 장소 또한 예루살렘이었다.

알렉산더가 어떠한 후계자도 남기지 않고 죽게 되자 그의 제국은 몇몇 장군들에게 분배되었다. 처음에 이스라엘은 이집트에 기반을 둔 프톨레마이오스의 지배를 받았고, 이후에는 시리아에 근거지를 둔 셀레우코스의 지배를 받았다. 그러나 주전 167년 어간에 극적인 변화가 일어났다. 셀레우코스의 통치자 안티오코스 4세 에피파네스[Epiphanes]가—비록 그 이유가 완전히 분명하게 드러나진 않았지만—그 땅을 헬레니즘화하는 일에 박차를 가하기로 결심한 것이다. 에피파네스는 예루살렘 성전에 제우스 신상을 세우고 유대인의 신앙 관습을 금지시켰다. 할례가 금지되었고 돼지고기를 먹지 않는 것 또한 금지되었다. 당연히 이내 격렬한 항의가 뒤따랐다. 훗날 마카비('망치'라는 의미)라는 이름으로 알려지게 되는 한 제사장 가문은 유대 마을, 모데인에 살면서 에피파네스의 부하들에게 강경하게 저항했다. 그들은 이방 신들에게 제사드리는 것을 거부하고 언덕으로 도망쳤다. 마카비 가문은 셀레우코스 본국의 문제들을 활용하는 가운데, 지지자들을 모아 게릴라 전술을 펼치기 시작했다. 그리고 이후에는 잘 훈련된 군대를 통해서 결국 종교적 자유와 국가의 독립을 얻는데 성공한다. 마카비 가문은 자신들을 국가의 지도자로 내세웠는데, 처음에는 대제사장의 자리를 그리고 이후에는 왕의 자리를 요구했다. 이들은 자신들의 가문의 이름으로, 즉 하스몬 왕조란 이름으로 알려지게 되고 대략 한 세기 가량 통치를 맡는다.

하지만 하스몬 가문이 정치적으로 인상 깊은 성공을 거두었음도 불구하고 모든 사람들이 그들을 지지했던 것은 아니었다. 하스몬 가문에 속한 자들이 제사장으로 세워지긴 했지만, 사실 전통적으로 대제사장을 배출해 왔던 것은 사독 계열이었다. 실제로 이 시기에 사해문서와 연관된 제사장 그룹이 하스몬 가문의 대제사장직 찬탈에 반대하여 예루살렘을 떠나 광야로 떠나기도 했다. 또 어떤 이들은 [하스몬 가문이] 대제사장직과 왕위를 결합한 것에 반대하며 두 역할은 양립할 수 없는 것이라 주장하기도 했다. 하지만 정치적 독립이 종교적 자유를 보장해 주었기에 대부분의 사람들은 혐오스런 셀레우코스 왕조 대신 기꺼이 자기 민족의 지도자들을 받아들였다.

그러나 주전 1세기 중반 즈음, 하스몬 왕조 내 다툼이 결국 패망으로 이어졌고, 강력한 새로운 세력이 의욕적으로 이 지역에 달려들었다. 주전 63년 로마 장군 폼페이우스는 예루살렘으로 진격하여 조공〔tribute〕을 요구했다. 그리고 이후 주전 40년, 로마는 유대인의 왕으로 헤롯 I 세(혹은 헤롯 대왕)를 세웠다. 여러 가지 측면에서 볼 때 헤롯의 통치는 성공적이었다. 헤롯은 지중해 동쪽 전역에 선물을 보내거나 자선을 베풀면서 스스로를 세계 무대의 중요한 인물로 부각시켰다. 내부적으로는 일련의 인상적인 건축 프로젝트들을 진행했는데, 여기에는 지중해 해변에 건설한 새로운 항구〔도시〕 가이사랴와, 웅장하게 재건된 예루살렘 성전이 포함된다. 헤롯은 오랜 통치 기간 동안 통치 지역의 질서를 잘 유지했고 또한 로마가 군대를 동원해야 할 상황을 일으키지 않았다. 하지만 이 모든 업적은 그 대가를 치러야 했는데, 일례로 헤롯의 가정생활은 엉망진창이었고, 그는 계속해서 편집증에 시달리기도 했다. 헤롯의 〔통치를 받는〕 백성들은 그가 압제적이고 포악하다고 느끼기도 했다. 결국 주전 4세기 노쇠한 헤롯 왕은 죽음을 맞이하고 그가 통치하던 땅은 폭동에 휩싸이게 된다.

헤롯은 자신의 후계자를 지명할 수 있는 특별한 권한을 부여 받았다. 로마의 황제 아우구스투스〔Augustus〕는 헤롯의 마지막 유언 곧 그가 통치하던 땅을 세 아들에게 각기 나눠주고 싶다는 유언을 들어주었다. 헤롯의 영토 절반에 해당하는 유대 지역과 사마리아 지역은 〔헤롯〕 아켈라오〔Archaelaus〕에게 분배되었다. 〔갈릴리 호수의〕 북동부 지역은 〔헤롯〕 빌립〔Philip〕에게로, 그리고 갈릴리와 베레아를 포함한 나머지 영토는 또 다른 아들 헤롯 안티파스〔Antipas〕에게 분할되었다. 하지만 십 년이 채 못 되어 아우구스투스 황제는 그 결정을 재고해야 했다. 아켈라오는 잔혹한 통치자로 드러났고 결국 황제는 그의 자리를 박탈하고 그 영토를 로마의 직접적인 통치 아래 두었다. 주후 6년 시리아〔Syria, 수리아〕 총독〔legate〕 구레

뇨〔Quirinius〕는 세금 징수 수준을 결정하기 위해 인구조사를 실시했다. 그리고 로마는 총독〔governor〕을 파송해 새롭게 속주〔province〕로 편성된 유대 지역을 다스리도록 했다. 이 총독—더 알맞은 칭호는 '장관'〔prefect〕—은 새로운 속주〔유대〕의 북서쪽에 위치한 지중해 연안 가이사랴에 다시 말해 이방인이 대다수를 차지하는 도시에, 속주의 수도를 세웠다. 그의 주된 관심은 세금을 모으고 법과 질서를 유지하는데 있었고 그러한 이유로 주력 지원부대를 보유하고 있었다. 하지만 그는 단지 극소수 지원군의 도움만을 받았고, 속주의 일상적인 운영의 대부분은 예루살렘에 있는 유대인 상위 계층과, 그들의 지도자인 대제사장에게 맡겼다.

갈릴리에서 자란 예수는 헤롯 안티파스의 관할 아래 있었다. 주후 39년까지 이어진 안티파스의 오랜 통치는 그 지역에 어느 정도 안정감을 주었다. 안티파스 역시 자신의 아버지와 같이 위대한 건축가가 되고자 했다. 물론 그가 추진한 프로젝트들이 보여주는 포부는 웅장함과는 다소 거리가 있었다. 안티파스는 헤롯의 죽음 이후 일어난 폭동으로 인해 파괴되었던 도시 세포리스〔Sepphoris〕를 재건했다. 또한 안티파스는 갈릴리 호수 연안에 새로운 행정 중심지를 세웠는데, 황제 티베리우스〔Tiberius〕를 기념하여 그곳의 이름을 티베리아스〔Tiberias〕라고 불렀다. 안티파스는 유능한 통치자였던 것으로 보인다. 안티파스의 통치 아래 갈릴리는 꽤 안정적으로 번영했으며 또한 평화로웠다. 그의 백성들은 대부분 육지에서 일했다. 온화한 기후와 비옥한 토지로 인해 농작물이 잘 자랐으며 대부분의 사람들이 가축을 기르기도 했다. 어떤 이들은 소규모의 생산업에 종사했는데, 이를테면 올리브 오일과 와인을 만드는 일이나, 그릇을 제작하는 일을 했다. 또 양털을 염색하거나 가죽을 다루는 일을 하기도 했다. 갈릴리 연안 주변 지역은 어업이나 혹은 어업과 연관된 생산업, 이를테면 건어물

생산이나 선박 제조로 유명했다. 갈릴리인들 자체는 주로 촌사람들이었다. 그들은 독특한 억양과 함께 아람어를 모국어로 사용했다(마 26:73). 또한 남쪽의 유대 지역 이웃들에 비해 보수적인 시각을 가지고 있었다.

미래의 꿈과 예언자들 그리고 메시아들

상대적으로 평온한 시기였음에도 불구하고 사람들은 종교적인 회복 혹은 국가적인 회복이라는 희망을 품고 있었다. 주전 8세기 앗시리아의 침략으로 인해 이스라엘의 열두 지파 중 열 지파가 사라졌다. 이후 많은 이들이 평화와 번영이 깃든 미래, 곧 이스라엘의 열두 지파가 다시 회복되고, 그 땅이 하나님의 이름으로 통치하는 메시아 아래서 재통일되는 시기를 꿈꾸었다. 이 메시아가 정확히 어떤 모습일 지에 대해서는 분명하지 않았다. 많은 사람들이 왕위를 가진 인물, 곧 두 번째 다윗 왕이 그의 백성을 다스리러 올 것이라고 상상했다. 또 어떤 이들은 제사장과 같은 인물을 상상하기도 했지만, 분명 어떤 메시아도 기대하지 않은 채 미래를 그리는 이들도 있었다. 확실히 뿌리 깊은 갈망, '좋았던 옛 시절'로 돌아가고 싶은 희망은 있었지만 대부분의 사람들에게 그 희망은 막연했고 모호했다.

때때로 이러한 희망은 보다 구체적인 모습으로 변모하기도 했다. 주후 37년 사마리아인들 가운데 메시아가 나타나 많은 무리를 불러 모았다. 그는 모인 무리에게 거룩한 그리심 산 위로 데려 가서 모세가 숨겨둔 거룩한 그릇들을 보여주겠다고 약속했다. 주후 40년대 유대 지역에서 두 명의 예언자가 더 나타났다. 드다[Theudas]라는 예언자는 사람들을 요단강으로 끌고 갈 준비를 했는데—과거의 여호수아와 같이—거기서 그는 요단강을

둘로 갈라 사람들이 지나가게 하고자 했다. '이집트인'으로만 알려진 또 한 사람은 자신을 따라 감람산까지 가도록 30,000명에 가까운 무리를 설득했는데, 거기서 그는 예루살렘에 침입하여 로마 수비대를 무너뜨리고 도시를 장악하려는 계획을 세웠다. 하지만 이러한 움직임들은 모두 수포로 돌아갔다. 로마의 총독은 매번 군대를 보내 그 즉시 폭동들을 잠재웠기 때문이다.

이와 같은 예언자들 중 한 명이 우리의 이야기와 특별히 관계가 있다. 그 예언자는 바로 세례 요한이다. 주후 20년대 후반 세례 요한이 요단강에 나타났다. 요한은 사람들로 하여금 그간의 살아온 방식을 회개하라고 명령하며 하나님의 심판을 준비하게 했다. 여러 가지 측면에서 볼 때, 요한은 묵시적 설교자의 원형이라고 할 수 있으며, 실제로 단순하고 검소한 삶을 살면서 하나님의 임박한 도래에 관한 메시지를 설교했다. 요한은 회개에 대한 표시로 요단강에서 사람들에게 세례를 주었다. 제의적 목욕은 당시 유대인들 가운데 흔한 일이었지만, 요한의 세례가 남달랐던 점은 마치 세례를 일회적인 사건으로 다룬 것처럼 보인다는 점이다. 또한 그의 세례는 하나님의 심판을 대면할 준비, 다시 말해 외부적으로 행하는 마음과 사고방식의 상징적 정화였다. 당대에 요한은 분명 굉장히 유명한 사람이었다. 유대 역사가 요세푸스는 요한에 대해 꽤 길게 기록을 남겼는데, 그 내용이 상당 부분 호의적이다. 복음서들 역시 큰 무리가 광야에 있는 요한을 찾아왔고 또 많은 이들이 세례를 받기 위해 그에게로 왔다고 전한다. 하지만 위에서 언급한 다른 예언자들처럼, 세례 요한 역시 헤롯 안티파스에게 처형을 당하게 된다. 요한이 활동한 지역은 안티파스의 영토였다. 그런데 요한이 감옥에 갇히기 전에, 특별히 중요한 의미를 갖는 세례가 한 번 있었다.

예수의 초기 생애

사실 우리는 예수 생애 처음 30년 가량에 대해서는 아는 바가 거의 없다. 우리는 본서의 후반부에서 예수의 탄생과 관련된 이야기들이 후대의 신학을 반영하는 것임을 보게 될 것이다. 전승은 예수의 아버지 이름이 요셉이라고 말한다. 또한 예수의 사역 기간 내내 요셉이 전혀 언급되지 않는다는 사실은 그가 상대적으로 이른 시기에 죽었다는 합리적인 추론으로 이어졌다. 마가복음을 보면, 예수는 단지 '마리아의 아들'로 알려져 있으며, 네 명의 형제들과 여러 명의 자매들이 있었던 것으로 보인다(막 6:3). 예수의 가족이 사는 집은 겨우 400명 남짓한 사람들이 살던 시골마을, 나사렛에 있었다. 예수의 가족은 장사[trade]를 했으며, 이것을 묘사하는데 사용된 그리스어 단어가 **테크톤**[tektōn]이다. 이는 기본적으로 나무나 돌을 가지고 일하는 사람을 의미하며, 넓게는 목수나 건축가를 뜻하기도 한다. 이러한 장사로는 높은 사회 계층까진 이르지 못했지만, 그럼에도 가족이 경제적으로 자급자족 할 수는 있었다.

예수는 경건한 유대 가정에서 자랐던 것으로 보인다. 따라서 예수는 생후 8일 째에 할례를 받았을 것이고 또한 12살 6개월 때에 바르 미츠바[bar-mitzvah]를 기념하고 안식일에 회당에도 출석했을 것이다. 갈릴리 마을의 정규 학교 교육에 대해서는 알려진 바가 없다. 당시 세계의 문맹률은 굉장히 높았기 때문에, 예수가 기본적인 쓰기와 계산 능력 그 이상을 갖추었을 것 같지는 않다. 아마도 단지 장사를 하는데 필요한 정도로만 그것들을 배웠을 확률이 높다. 하지만 다른 유대인들과 같이 예수도 매주 회당에서 이뤄지는 [성경]낭독을 통해서 성경에 대한 깊은 지식을 얻었을 것이다. 복음서들은 예수가 아주 영적인 사람이었고 이스라엘 백성의 전통들을 철저하게 되돌아봤으며, 또한 하나님의 부르심에 응답할 준비가 되어 있었다는 인상을 준다.

그렇다면 예수가 세례 요한의 가르침에 끌렸고 앞장서서 세례를 받았다는 것도 놀랄 일은 아니다. 이 사건에 대해 복음서들이 보여주는 미세한 우려는, 간접적으로 그 이야기의 토대가 사실 위에 있다는 것을 확증해준다(특히 마태복음 3:14-15을 보라). 예수가 세례를 받을 때 무언가 중요한 일이 벌어졌던 것으로 보인다. 복음서들은 일종의 환상과 같은 경험을 묘사하는데, 곧 하늘이 찢어지고 성령이 비둘기 같이 내려오며 하나님의 음성이 예수가 그분의 아들임을 선포한다. 우리가 세부사항을 어떻게 해석하든지 간에, 이 장면은 예수가 자신이 하나님으로부터 택함을 받았으며, 또한 특별한 사명을 위해 구별되었다는 의식이 분명했음을 보여준다. 아마도 이것이 처음으로 예수가 자신을 하나님의 특사[envoy]로 이해하고 또한 자기만의 사명이 있다고 생각했던 시기였던 것 같다. 확실히 이후 예수가 광야로 내몰려 사탄에게 시험을 당하는 장면은 이러한 해석을 확증해준다. 불과 몇 년이 지난 뒤 사도 바울도 다메섹으로 가는 길에서의 경험 이후에, 예수와 유사하게 광야로 떠나 새로운 삶이 함의하는 것이 무엇인지 숙고하는 시간을 보낸다(갈 1:17). 예수가 [그에게] 나타났을 때 분명한 메시지와 함께 목적의식도 주어진 것이다.

제3장
메시지와 기적

예수의 가르침의 중심에는 임박한 하나님 나라의 도래가 있었다. 이를 통해 예수는 하나님의 백성을 향한 **하나님의 직접적인 통치**를 말하고자 했으며, 이는 곧 정의와 자비, 화평 앞에서 불의와 착취가 사라지게 되는 것을 의미했다. 히브리 성경[Jewish Scriptures]은 하나님을 떠올릴 때, 흔히 자신의 특별한 백성으로 이스라엘을 택하신 왕으로 생각하곤 했다. 그리고 선지자들은 하나님께서 다시 통치하실 시간을 기대하며 자주 그들 시대의 왕정을 비판하곤 했다. 예수는 이사야 선지자와 같이 눈먼 사람이 보게 되고, 귀먹은 사람이 듣게 되며, 다리를 저는 사람이 뛰고, 말 못하는 사람이 노래 부르며, 모든 피조물이 번성하게 되는 나라를 보았다(사 35장 — 이 본문은 예수가 가진 비전에 청사진을 제공했을 것이다).

그런데 이 나라는 언제 세워지는 것인가? 예수의 가르침 속 많은 내용들은 그의 생각, 즉 이전에 세례 요한이 말했던 것처럼 가까운 장래에 하나님께서 나타나셔서 우주적인 심판의 시간과 세계가 뒤바뀌는 시간이 왔음을 알리실 것이란 생각을 드러내고 있다. 예수의 몇몇 비유들은 그를 따르는 자들에게 심판의 시간을 대비하여 깨어 있을 것을 촉구한다. 또한 예수의 일부 어록들은 분명 장래에 하나님의 나라가 도래할 것을 고대하고 있다(특히 막 9:1, 10:23, 13:30을 보라). 하지만 이와 동시에 예수의 또 다른 어록들은 그 나라가 이미 신자들의 공동체 속에 있음을 암시하고 있다. 이를테면 겨자씨(막 4:30-32)와 같은 비유들은 그 나라가 이미 여기에 있으며, 눈에 띄지 않게 조용히 확장되고 있다는 인상을 준다. 어쩌면 두 노선 모두 긴장된 상태로 남아있을 필요가 있었다. 한편으로 예수는 너무도 선명하게 하나님의 나라를 보고 있어서 그 나라가 이미 자신의 말과 행동—특히 아래에서 곧 우리가 보게 될 기적—을 통해서 실체화 되고 있다는 의식이 있다. 하지만 또 다른 한편으로 하나님의 통치는 미래에 최종적으로 완성될 것이다.

예수는 자신을 따르는 자들에게 하나님의 나라를 예비하기 위해서는 그들이 살아온 방식에서 돌이켜 회개해야 한다고 말했다. 사실상 예수가 사람들에게 요구한 것은 그들의 삶의 방향을 하나님을 향해 급진적으로 선회하라는 것이었다. 이처럼 새롭게 방향을 재설정하는 일은 윤리적인 행동으로 이어졌다. 예수의 윤리적인 가르침 중 상당 부분이 마태복음 산상수훈에서 발견된다(마 5-7장, 이와 비슷한 목록이 눅 6장에서 발견된다). 일반적으로 이 본문은 'Q'자료로부터 온 것이라고 여겨지고 있다(18-19쪽을 보라). 예수가 정확히 이러한 발언들을 했는지에 대해선 우리가 확신할 수 없지만, 그럼에도 불구하고 예수가 말했던 것으로 기억되는 내용을 나타낼 가능성이 높다. 가장 많이 인용되고 사랑 받는 예수의 어록들 중 대다수가 이 본문 안에 있다. 이를테면 원수를 사랑하고 박해하는 자를 위해 기도하라는 명령(마 5:44/눅 6:28, 35), 구제도 자비도 은밀한 중에 하라는 말씀(마 6:4, 17-18), 그리고 하나님과 맘몬을 함께 섬기지 말라거나(마 6:24, 눅 16:13), 다른 사람을 비판하지 말라는 명령(마 7:1-2 / 눅 6:37-38)이 있다. 우리는 이것을 **과도기**〔임시〕 **윤리**〔interim ethic〕라고 부른다 이는 만물의 최종적인 완성을 대비하며 사는 방식, 즉 사람들이 그 때를 예비하여 어떻게 스스로를 준비시켜야 하는 지를 보여준다. 예수의 가르침은 소위 주님의 기도〔주기도문〕로 깔끔하게 정리되는데, 이 기도는 장래의 소망과 현재의 윤리적 기대 모두를 담고 있다.

> 하늘에 계신 우리 아버지여 이름이 거룩히 여김을 받으시오며
> 당신의 나라가 임하시오며
> 당신의 뜻이 하늘에서 이루어진 것 같이 땅에서도 이루어지이다
> 오늘 우리에게 일용할 양식을 주시옵고
> 우리가 우리에게 죄 지은 자를 사하여 준 것 같이
> 우리 죄를 사하여 주시옵고
> 우리를 시험에 들게 하지 마시옵고 다만 악에서 구하시옵소서
> (마 6:9-13, 눅 11:2-4에 있는 더 짧은 본문과 비교해보라)

예수는 분명 탁월한 선생이었고 카리스마적인 인물이었으며 또한 훌륭한 전달자였다. 예수는 1세기 갈릴리 소작농들이 사는 삶의 현실로부터 전적으로 이끌어낸 어록과 교훈, 비유들을 통해 자신을 드러냈다. 그리고 그 모든 말씀을 뒷받침하는 것은 곧 왕으로서 다스리시는 하나님이 또한 가장 친밀한 방식으로도 즉, 아버지로도 경험될 수 있다는 강한 자의식이었다.

기적

예수의 메시지와 밀접한 관련이 있는 것은 바로 그의 비범한 능력이다. 복음서들에 따르면, 예수는 그에게 모여든 사람들 중에 더러운 영을 내쫓고 병든 자를 치유하는 놀라운 능력을 가지고 있었다. 여기에서 고대 세계에 살던 평범한 사람들은 의학적인 도움을 거의 받지 못했음을 기억할 필요가 있다. 당시 의사들은 대체로 도시 엘리트들 사이에서 일을 했고 또한 보통 봉사에 대한 비용을 청구했다. 시골 지역인 갈릴리에 살던

소작농들은 그러한 의사들을 만날 기회를 거의 누리지 못했다. 어떤 사람들은 약초를 통한 치료를 능숙하게 사용하기도 했는데, 이에 대한 사례로는 사해문서를 기록한 에세네파 사람들을 들 수 있다. 또한 산파들 역시 출산하는 여자들을 돕는 일에 그것을 어느 정도 사용했을 것이다. 하지만 대개는 병을 잘 치료 받지 못했다. 따라서 우리는 치유 기술이 능숙하다고 알려진 이로 인해 생긴 열기가 어느 정도이었을지 쉽게 떠올릴 수 있으며, 또한 예수가 기대에 찬 군중들—치료를 받기 원해서 오는 이들도 있었고, 아마도 그 놀라운 광경을 보기 위해 오는 이들도 있었을 것이다—에게 둘러싸인 모습에도 놀라지 않을 수 있다. 처음으로 군중들을 불러 모은 것은 아마도 예수의 설교 말씀이 아니라 그의 비범한 능력이었을 것이다.

현대의 많은 사람들에게 기적 사건들은 복음서 전승 중에서 가장 받아들이기 힘든 부분이다. 우리는 대부분의—특히 의학 분야에서의—일들을 설명할 수 있다고 믿는 과학의 세계 안에 살고 있기 때문이다. 하지만 여러 측면을 고려해 볼 때 이러한 사건들이 실제로 일어났는지 아닌지를 묻는 것은 역사가의 일이 아니다. 우리가 자연의 일반적인 규칙이라고 이해한 것이 일시적으로 멈춘 것인지에 대해서는 알 길이 없다. 모든 역사가들이 할 수 있는 작업은 결국 예수의 주변 사람들이 그가 놀라운 능력을 가졌다고 여겼음을 기록하는 일이다. 이러한 측면에서 따져볼 때는 예수가 고대 세계에서 그렇게 특별한 존재는 아니다. 당시 치유 행위는 보통 특정한 신들 덕분이라고 여겨졌는데, 특히 치유의 신 아스클레피오스〔Asclepius〕의 신전은 치료 받은 기원자들의 감사 편지가 곳곳에 널려 있었다. 예수와 거의 동시대를 살았던 두 명의 거룩한 유대인, 원을 그리는 사람, 호니〔Honi the Circle-Drawer—호니 하메아겔[Honi HaMe'agel]이라고도 부르며,

그는 비가 오지 않을 때, 원을 그려놓고 하나님께 비를 달라고 기도한 사람으로 알려져 있다-역주]와 하니나 벤 도사[Hanina ben Dosa]도 엄청난 일들을 행했다고 전해진다. 호니의 경우 가뭄이 오면 비가 내리게 하였고, 하니나는 병을 치유하고 폭우를 멈추며, 기적으로 나무 조각들을 길게 늘릴 수 있었다고 전해진다. 황제들과 위인들 역시 흔히 기적을 일으키는 능력을 갖고 있다고 여겨졌다. 1세기 유대인 작가, 알렉산드리아의 필로는 황제 아우구스투스가 바다를 잠잠케 하고 질병을 치유하는 능력을 갖고 있다고 생각했다.[3]

유대 역사가 요세푸스는 예수가 '놀라운 일들'을 행했다고 생각했다. 제1장에서 우리는 [요세푸스가 예수를 언급한] 특정 단락은 다소 의심스럽긴 하지만, 그럼에도 이 어구[놀라운 일들]가 나타나는 문장은 대체로 진정성이 있다고 여겨진다는 것을 살펴봤다. 그 자체가 예수가 대중에게는 기적적인 일을 행하는 사람으로 여겨졌음을 보여주는 비-기독교적[진영에서 나온] 증거라고 할 수 있다. 예수의 적대자들이 예수의 기적을 반박할 때 기적이 일어나지 않았다는 주장을 통해서 반박하는 것이 아니라, 사탄의 능력과 결탁했다는 혐의로 반박했다는 점은 눈여겨 볼 만 하다. 예를 들어, 마가복음 3:22을 보면 예루살렘에서 온 서기관들이 예수가 귀신의 왕, 바알세불의 능력으로 귀신을 내쫓는다고 비난한다. 여기서 쟁점은 기적적인 치유와 귀신 축출이 일어났는지 여부가 아니라, 누구의 능력으로 그 일이 이루어졌는지에 관한 것이다. 몇 년 후 이러한 비판은 랍비 문헌에서 재차 등장하는데, 여기서 예수는 마술사라는 비난을 받는다. 즉 예수가 그러한 일을 하면서 악의 힘을 불러냈다는 것이다. 예수를 따르는 자들은 예수가 하나님의 능력으로 한 행위들이라고 주장한 반면, 예수의 적대자

3 Philo, On the Embassy to Gaius, sections 144-5. Loeb Classical Library vol. 379, trans. F. H. Colson (Cambridge, MA: Harvard University Press, 1962), p. 73.

들은 그가 사탄의 힘으로 한 일들이라고 주장했다.

예수가 일으킨 기적들이 중요한 이유는 그 기적들이 하나님의 나라가 사람들의 삶 속으로 침투하고 있음을 드러내기 때문이다. 기적들은 장래에 올 세계, 곧 못 걷는 사람이 정말로 걷게 되고, 눈 먼 사람이 보게 되며, 귀 먹은 사람이 듣게 되고, 악한 영들이 쫓겨나는 세계를 맛보게 해준다. 또한 고통 받은 자들을 회복시켜 다시 흠 없는 완전한 자리로 돌려보내고, 소외된 자들을 다시 사회 안으로 재통합시킨다는 의의를 갖는다. 이것은 특히 나병환자들의 경우에서 잘 드러나는데, 그들은 보통 일상의 삶에서 배제되어 만나는 모든 이들에게서 거리낌을 받았다. 따라서 예수가 나병환자들을 치유한 것은 생명을 위협하는 질병으로부터 낫게 하는 것 그 이상이었다. 예수는 그 환자들을 다시 공동체 안으로 재통합시킨 것이며 이는 곧 하나님 나라의 포용성을 드러내는 행위였다. 그러므로 예수의 메시지와 기적은 그가 가진 비전, 즉 미래에 있을 하나님의 통치라는 비전과 긴밀하게 연관된다고 할 수 있다.

정치적 함의들

지금까지 우리는 예수가 전한 메시지를 종교적인 차원에서 살펴보았다. 하지만 1세기에 종교와 정치는 필연적으로 서로 뒤섞여 있었다. 예수가 하나님 나라의 도래를 선포한 것 역시 정치적으로 상당히 전복적인 의미를 담고 있었으며, 따라서 동시대 사람들에게도 주목을 받지 않을 수 없었다. 나라에 대한 이야기 심지어 그 나라가 하나님의 나라라면, 분명 그 이야기는 국가적인 차원에서 들렸을 것이다. 예수가 그를 따르던 자들을 군사로 부르지 않았다 하더라도, 그의 메시지는 분명 정치적인 함의를 지

니고 있었다.

히브리 성경이 미래에 있을 하나님의 통치에 대해 이야기 하는 것을 들어보면, 흔히 흩어져 있던 이스라엘 백성들이 다시 모이는 장면이 떠오른다. 예수 역시 12지파의 회복을 기대했다는 점은, 그가 12명의 (남성) 제자들로 자신을 에워싸기로 결정했다는 점을 통해 알 수 있다. 기이하게도 그 12명이 누구인지를 보여주는 복음서들의 목록이 정확하게 일치하지는 않는다(막 3:16-19, 마 10:2-4, 눅 6:14-16을 비교해보라). 이는 '열 둘'[제자]이 지닌 **상징적인 가치**가 구성원 한 명 한 명이 정확히 누구인지를 밝히는 것보다 더 중요했음을 암시한다. 마태복음과 누가복음 모두에게서 발견되는 구절, 즉 일반적으로 그들의 공통 자료인 Q의 일부라고 여겨지는 구절은 분명 열두 제자와 열두 지파를 동일시하고 있다.

> 예수께서 그들[제자들]에게 말씀하셨다. '내가 진실로 너희에게 말한다. 새로운 세상에서 인자가 자기 영광의 보좌에 앉을 때에 나를 따르는 너희도 열두 보좌에 앉아 이스라엘 열두 지파를 심판할 것이다.'
>
> (마 19:28, 눅 22:30을 보라)

예수의 메시지는 분명했다. 위대한 다윗과 솔로몬의 시대에 그랬던 것처럼, 이스라엘은 다시 완전해질 것이다. 로마와 이 땅의 모든 통치 체제들은 사라질 것이다. 하나님께서 영원히 당신의 통치를 세우실 것이다. 이처럼 강한 영향력을 지닌 생각들이 합쳐져, 예수와 동시대에 살았던 유대인들이 가장 강하게 붙잡았던 희망들 가운데로 흘러들었다. 하지만 권력을 쥔 자들에게 이것은 분명 전복의 위협으로 느껴졌다.

제4장
친구들과 적대자들 — 그리고 아내?

예수는 그의 사역의 가장 초기 단계에서는 근거지를 가버나움에 두었다. 갈릴리 호숫가 북서쪽에 위치한 가버나움은 어업이 번창한 마을이었다. 예수는 지역 마을과 촌락 주변을 다니기 시작할 때부터 가능한 한 많은 청중들에게 메시지를 전했다. 예수는 사람들이 자신을 찾기를 기다리기보다는 오히려 새로운 청중들을 찾아다녔고, 다가오는 하나님 나라에 대한 긴박한 메시지를 사람들로 하여금 직면하게 만들었다. 예수가 가는 곳마다 많은 무리가 모여들었는데, 어떤 이들은 치유를 받고 싶어서, 어떤 이들은 종교적 혹은 정치적인 이유로, 또 어떤 이들은 흥미롭게 벌어지는 새로운 일에 단지 참여하고 싶은 마음으로 모여들었다. 예수에 관한 견해는 다양했다. 어떤 이들은 아마도 그가 세례 요한 혹은 옛 이스라엘 선지자들과 같은 예언자일 것이라 생각했다. 또 어떤 이들은 예수가 그 이상의 누군가, 어쩌면 오랜 시간 기다려온 메시아일지도 모른다는 의구심을 품기도 했다.

하지만 고향 땅에서의 평가는 썩 좋았던 것 같지 않다. 이후 보게 되겠지만 마태복음과 누가복음은 모두 예수가 품었던 생각 곧, 자신이 '하나님께로부터 택함 받은 자, 특별한 역할을 위해 구별된 자'라는 생각에 대해서 예수의 가족이 알고 있었다는 점을 시사한다. 하지만 마가복음은 이러한 점에 대해서 언급하는 바가 없다. 실제로 〔마가복음 안에〕 예수의 가족에 대한 짧은 언급들을 보면, 예수의 활동〔mission〕이 갈등의 원인이 되고 있음을 암시하고 있다. 마가복음 3:20-21을 보면, 예수의 가족이 예수를 집으로 데려가려는 장면이 나오는데 그 이유는 사람들이 그를 가리켜 미쳤다고 말했기 때문이다. 하지만 예수는 가족을 무시하고, 모인 무리에게 그의 진정한 어머니와 형제는 자신의 생물학적 가족이 아니라 그의 말을 믿는 자들이라고 이야기한다. 이후 예수가 자신의 고향 나사렛으로 돌아왔을 때, 그가 자신의 가족이 있는 집으로 돌아갔다거나 혹은 그의 가족이 그 지역의 반발에 맞서 예수를 옹호했다는 암시는 어디에도 없다. 요한복음의 경우에는 예수의 십자가 처형 현장에 그의 어머니를 등장시키는데 반해, 마가복음, 혹은 마가복음에 토대를 두고 이야기하는 마태복음과 누가복음에는 어머니가 그곳에 있었다는 기록이 전혀 나타나지 않는다. 여기에서 더 진행할 수 있는 것이 많지 않지만, 적어도 예수의 가족이 그의 활동을 지지했다는 흔히 알려진 가정은 잘못된 것임을 충분히 짚고 넘어갈 수 있겠다. [예수의 가족과 예수 사이의] 갈등은 여러 측면에서 쉽게 설명해낼 수 있다. 만일 예수가 맏이였고 아버지가 돌아가셨다면, 그는 가장의 역할을 요구 받았을 것이다. 가업을 이어가고 여동생들의 결혼을 준비하며 어머니와 어린 형제들을 부양하는 일을 해야 했을 것이다. 따라서 예수의 가족에게는 예수가 그에게 주어진 책임을 다하지 않고 있다고 비춰졌을 것이다.

예수는 그렇다면 확대된 [새]가족이 누구라고 생각했을까? 우리는 예수가 그를 가장 가까이에서 따르는 열두 명을 택했으며, 또한 그들이 예수가 일으킨 운동에 있어서 각기 특별하고 상징적인 위치를 점했다는 것을 이미 살펴본 바 있다. 하지만 이 열두 명만이 예수의 유일한 제자는 아니었으며, 그들만이 예수와 함께 갈릴리 인근을 여행한 것도 아니었다는 점은 분명하다. 마가는 예수와 함께 여행했던 갈릴리 여성들을 언급하고(막

15:40-41), 누가는 막달라 마리아, 헤롯의 청지기 구사[Chuza]의 아내 요안나—따라서 중요한 여성이다—그리고 수산나를 언급한다. 분명 여성들의 동행에 대해 어떠한 비난도 나타나지 않는다. 적어도 복음서들 안에서 이에 대한 비판은 기록되어 있지 않다. 아마도 [함께 여행한] 무리는 따로 언급하지 않아도 될 만큼의 큰 규모였을 것이다. 어차피 이처럼 남녀가 섞인 무리들이 자주 예루살렘으로 순례 여행을 했을 것이다. 누가복음 2장의 예루살렘에 홀로 남겨진 12살 된 예수 이야기에서 우리는 순례 여행을 하는 큰 무리를 볼 수 있다. 누가는 여성들이 예수 운동을 재정적으로 도왔다는 점을 시사한다. 여성들은 환대를 기대할 수 없는 상황에서 도움을 자처했으며, 양식을 구입하기도 하고, 여행 중에 발생하는 현실적인 생활 문제를 관리하기도 했다. 물론 이러한 일들 중 그 어떤 것도 여성들이 예수에게 개인적으로 헌신하고 또한 그의 메시지에 전념하는 것을 가로막지 못했다. 또한 우리는 이 여성들이 남성 제자들에 비해 다소 덜 '제자다웠다'고 가정하지도 말아야 한다. 사회의 변혁을 기대하는 천년왕국운동들은 대개 평등주의[egalitarian] 형태를 띠었다. 그리고 예수는 남성들에게 만큼이나 여성들에게도 환영을 받았다. 하지만 이 여성들 중 하나가 예수와 각별히 친밀한 관계를 가졌다는 이야기는 어떠한가?

예수는 결혼을 했는가?

대중문화 속에서 예수는 자주 막달라 마리아와 결혼을 한 것으로 비춰진다. 이러한 주장은 두 단계를 거친다. 첫 단계는 결혼과 출산이 1세기 유대인들에게는 신성한 의무였다는 주장인데, 따라서 예수가 결혼을 하지 않았다면 상당히 이례적인 경우였을 것이란 지적이다. 두 번째 단계는 마리아가 두드러지게 등장하는 후대의 특정 영지주의 문서들을 언급하는 단계이다. 다시 말해 〔훗날〕 마리아가 중요하게 등장하는 것은, 예수와 마리아 사이의 특별히 더 친밀했던 관계를 후대에 회상한 것이라는 주장이다.

이러한 주장들은 모두 근거가 빈약하다. 첫째, 대부분의 유대인들이 결혼을 신성한 의무로 여겼던 것은 사실이다. 하지만 이것이 곧 모든 유대인 남성이 결혼했다는 것을 의미하진 않는다. 종교적인 일에 특별한 관심이 있는 남성은 어렵지 않게 미혼으로 남아있을 수 있었고, 하나님을 섬기는 일에 자신을 바칠 수 있었다. 쿰란 광야로 옮겨갔던 사람들도 결혼생활을 포기했다. 세례 요한이 결혼했다는 증거 또한 전혀 없으며, 사도 바울도 자신이 결혼하지 않았다고 분명하게 밝히고 있다(고전 7:8). 다소 이례적인 일이기는 해도 독신이 아주 없던 일은 아니었다. 심지어 하나님이 오시면 이 세계는 사라질 것이라고 생각했던 이들에게는 독신이 기대되기도 했다.

둘째, 막달라 마리아가 복음서들 가운데 얼마나 드물게 언급되는지 살펴볼 가치가 있다. 마가는 그의 내러티브 결말에 이르러서야 마리아를 언급하는데, 그녀는 갈릴리에서부터 예수를 따랐던 여성 그룹에 속한다. 이 여성들은 예수의 십자가 처형과 매장, 그리고 일요일 아침에 빈 무덤과 관련하여 마가복음 안에서 중요한 역할을 감당한다. 하지만 그 외에는 이들에 대해 더 이상 관심이 나타나지 않는다. 누가는 예수가 마리아에게서 일곱 귀신을 쫓는 기록을 더했으며(눅 8:2), 요한복음은 그녀가 부활하신 예수를 처음으로 목격했다고 주장한다(요 20장). 그녀에게서 나타나는 모습은 곧 예수에게 치유를 받고 그에 대한 반응으로 집을 떠나 일생 동안 예수를 따르는 일에 헌신하는 모습이다. 사실 우리는 그녀가 몇 살인지도 정확히 모른다. 물론 영화들이 한결같이 그려내는 것처럼 젊은 여성이었을 수도 있지만, 아마도 나이 많은 과부였을 가능성이 더 높다. 이렇게 보게 되면 어떻게 그녀가 일을 하지도 않고도 생활이 가능했는지 그리고 어떻게 그렇게 가고 싶은 곳을 자유롭게 다닐 수 있었는지 설명할 수 있다.

마리아는 주후 2세기 이후의 것으로 추정되는 일부 영지주의 복음서들 안에서 훨씬 더 두드러지게 나타난다(72-74쪽을 보라). 다수의 이러한 문헌들 안에서 마리아는 예수와 특별히 친밀한 관계를 가졌던 것으로 그려진다. 『마리아 복음』은 예수가 그를 따르는 다른 어떤 이들보다 그녀를 사랑했다고 말한다. 『빌립복음』은 마리아를 예수의 '동반자'로 그리는데, 이로 인해 그녀는 자주 다른 제자들, 특히 베드로의 질투를 사게 된다. 상당히 난해한 이 문헌들을 가지고 어떠한 작업을 할 수 있을지를 파악하기조차 어려운 이유는, 이들이 역사적인 예수에 대해서는 거의 관심을 보이지 않기 때문이다. 이 문헌들이 마리아와 예수의 결혼에 대해서 역사성을 지닌 회상을 반영하고 있다고 가정하는 것은 분명 잘못된 일이다. 십중팔구 이 문헌들은 요한복음에 기록된 내용, 즉 부활한 예수와 대화를 나누는 마리아 이야기가 신학적으로 발전한 결과물일 것이다. 다소 모호하긴 하지만 동시대 영지주의 교회들 가운데서 여성들의 위치를 반영하는 것일 수도 있다.[4]

막달라 마리아에 대한 이야기를 마치기 전에, 그녀가 잘못을 뉘우치는 창녀였음을 암시하는 그 어떤 증거도 찾아볼 수 없다는 것을 언급할 필요가 있다. 주후 6세기 교황 대-그레고리오[Gregory the Great]를 통해 처음

4 콥틱어 단어로 예수가 마리아를 '나의 아내'로 언급한 내용을 담고 있는 파피루스 조각이 2012년에 알려졌다. 흔히 '예수의 아내의 복음'로 알려진 이 조각은 현재는 위조된 것으로 여겨지고 있다.

으로 퍼지게 된 이 견해는, 다수의 신약성경 본문을 조합한 결과 나온 견해이다. 여기서 가장 중요한 것은 예수의 죽음 바로 직전에 한 여성이 예수에게 기름을 붓는 이야기이다. 요한복음에서 예수에게 기름을 붓는 사람은 베다니의 마리아인데 반해(요 12:1-8), 다른 복음서들은 그녀의 이름을 밝히지 않는다. 누가복음은 그보다 훨씬 더 이른 시기에 비슷한 이야기를 전하는데, 곧 예수가 아직 갈릴리에 있을 때 '그 동네에서 온 죄를 지은 한 여자'가 예수에게 기름을 붓는 일이 벌어진다(눅 7:36-50). 이 묘사가 전혀 분명하지 않음에도 불구하고 전통적으로 마리아가 창녀였다는 증거로 사용되어 왔다. 여기에 음행 중에 붙잡힌 정체가 알려지지 않은 여성(요 8:1-11) 또한 앞서 뒤섞인 묘사에 접붙여졌고 그 결과 막달라 마리아 특유의 이미지가 만들어졌다. 예수가 '귀신들'을 쫓아내어주자 예수를 따르기로 결심하는 그녀의 모습은 회개하는 창녀라는 전통적인 설명 방식을 완성해주었다. 마리아에 대한 이러한 특징적인 묘사가 어떠한 역사적 근거도 없다는 것은 명백하지만—동방정교회들은 결코 이것을 받아들이지 않았다—중세신학 안에서의 참회에 대한 강조는 그러한 이미지가 근대 시기까지 지속되게 만들어 주었다. 또한 이러한 이미지는 수세기 동안 그림, 조각, 그리고 보다 최근에는 소설과 영화를 통해 더욱 굳어졌다(97쪽을 보라).

바리새인들

예수는 논쟁적인 인물이었다. 많은 사람들이 그에게 모여들기도 했지만 또 어떤 이들은 그를 의심과 불신의 눈길로 주시했다. 여기서 가장 눈에 띄는 사람들은 바로 바리새인들이다. 물론 우리는 이 시점에서 우리가 가진 자료들을 신중하게 사용해야 한다. 사복음서 모두 1세기 후반에 기록되었다. 이 시기는 그리스도를 따르던 자들이 회당에서 유대인 동료들과 뜨거운 논쟁을 벌였던 시기이다. 따라서 복음서들이 두[진영의] 신앙 사이의 격동적인 '갈림길[분기점]'을 반영하고 있을 가능성이 높다. 특히 상당히 적대적인 방식으로 바리새인들을 [예수와] 대립하는 유대인 대표로 그려내고, 또한 예수를 제거하고 싶어 하는 자기만족에 빠진 위선자로 그들을 묘사하고자 한 것 같다(막 3:6).

사실 바리새인들은 평범한 사람들에게 상당히 호감을 얻었고 또한 존경을 받았다. 바리새인들은 히브리 성경에 규정된 기록된 율법뿐만 아니라 그들의 구전 전승[oral traditions]까지도 가능한 한 엄밀하게 지키고자 노력했던 경건한 유대인 그룹이었다. 바리새파[Pharisaism]의 핵심은 성경을 정확하게 해석하는 데 있었다. 그들은 자주 정결, 안식일 준수, 음식법과 같은 사안들을 두고 서로 간에 그리고 반대자들과 뜨거운 논쟁을 벌였다. 바리새인들은 특히 정결에 관심을 갖고 있었고 다른 사람들로부터 자신들을 구별하려는 경향이 있었다. 그들은 성전 제사장에게 요구되는 것과 같은 정결 상태를 유지하고자 했다. 마을에 새로운 설교자가 나타나면 바리새인들이 찾아가 설교자의 견해에 도전하는 것은 자연스러운 일이었다.

여러 가지 측면에서 볼 때 예수는 바리새인들과 상당히 많은 공통점을 갖고 있었다. 예수가 유대 율법을 **어겼다**고 의심할 여지는 전혀 없다는 점이 중요하다. 예수의 해석들 중 일부가 다소 정통적이지 않았다 하더라도, 그럼에도 모든 지표는 예수가 율법을 준수했던 자였음을 가리키고 있다. 이웃을 향한 관심과 사랑이 갖는 중심적인 역할에 대해서 바리새인들과 예수는 모두 의견을 같이 했을 것이다. 사람 안에서 나오는 것이 그 사람을 정결하게 혹은 부정하게 만든다는 가르침에 대해 반박한 이들은 극소수였을 것이다(막 7:15). 또한 예수가 안식일에 말씀만으로 치유한 것에 대해 이의를 제기한 이들도 극소수였을 것이다. 바리새인들을 특별히 격분하게 만들었던 지점은 예수가 버림받은 자들, 세리, 죄인들과 함께 식사를 하기로 결정한 데에 있었던 것 같다(막 2:15-17). 고대 세계에서 '누구와 함께 식사하느냐'의 문제는 오늘날과 마찬가지로 사회적으로나 문화적으로 중요한 함의를 가졌다. 회개를 했더라도 〔사회로부터〕 거리낌을 받는 자들과 예수가 음식을 함께 나눈 것은, '메시아의 향연' 곧 히브리 성경에 기록된 종말과 연관된 큰 잔치를 상징적으로 재연하는 기능을 한다. 식탁의 교제를 나누는 일은 모든 사람들, 심지어 더 경건한 사람들에게 '죄인'으로 여겨졌던 이들조차 용서받는 것이 가능함을 보여준다. 재차 말하자면 이는 하나님 나라의 포용적인 성격을 강조하고 있다. 그러나 바리새인들의 관점에서 보면 그러한 식사는 단지 예수의 지나친 순진함만 드러낼 뿐이다. 세리와 죄인도 하나님 나라에서 첫째가 될 수 있다고 한다면, 굳이 의로운 삶을 살 필요가 어디에 있는가? 그들의 회개를 어느 누가 믿을 수 있는가? 그렇게 거리낌을 받는 자들을 높이는 사람이 정말로 하나님을 대변할 수 있는가?

예수는 성경을 인용하고 또 그가 가진 논지를 근거로 바리새인들의 비판을 받아치며 그들과 만족스런 논쟁을 벌였다. 하지만 갈릴리에는 또 다른 위험 요소가 있었는데, 예수도 그 위협에 썩 엮이고 싶지 않았던 것 같다. 바로 헤롯 안티파스다. 유대적인 통치자였던 그는 예수의 사역 초기 시점에 세례 요한을 처형한 바 있었다. 복음서들은 안티파스의 신하들 일부가 이 새로운 운동에 끌렸다는 점과(눅 8:2-3) 또한 안티파스 스스로가 이미 이 새로운 설교자〔예수〕에 대해 관심을 갖기 시작했다는 점을 시사하고 있다(막 6:14-16). 복음서들의 기록에 나타난 한 가지 흥미로운 특징은, 예수가 갈릴리 지역의 두 도시 중 어느 쪽도 거쳐갔다는 내용이 없다는 것이다. 나사렛 지근거리에 있는 세포리스[Sepphoris]는 걸어서 한 시간이면 닿는 곳이었다는 점과, 티베리아스[Tiberias, 디베랴]는 예수가 자주 다니던 곳들과 가까운 갈릴리 호수에 위치해 있었다는 점을 감안해 보면 이러한 특징은 굉장히 놀라운 것이다. 두 도시 모두 그 지역 관료제와 지방 자치의 중심지였다. 여전히 유대인들이 중심인 곳이긴 했지만 어쩌면 예수에게 그의 메시지를 더 귀담아 듣는 보다 부유하고 범세계적인[cosmopolitan] 청중들을 제공할 수 있었을 것이다. 하지만 이 도시들은 안티파스 권력의 중심지였다. 따라서 예수가 안티파스의 주목을 끌지 않으려고 그 도시들을 의도적으로 피했을 수도 있다. 많은 무리를 끌어당기고, 전혀 다른 나라를 이야기하며 사람들의 희망을 돋우는 사람이 안티파스의 영토에서 결코 오래 살아남을 수 있었을 것 같진 않다.

예수는 그의 사역이 어떤 시점에 이르자, 갈릴리를 떠나 남쪽으로 100마일[약 160 km] 떨어진 예루살렘으로 갔다. 이 웅장한 국제적 도시는 전통적으로 이스라엘의 수도였고 또한 하나님의 성전이 있는 장소였기에, 유대인들은 이 도시가 세상에서 가장 거룩한 장소라고 믿었다. 히브리 성경에 기록된 몇몇 예언자의 환상은 종말에 이르면 이 도시가 중요한 역할을 감당하게 될 것이라 이야기한 바 있다(사 60-62장; 겔 40-48장). 따라서 예루살렘에서 메시지를 전하는 예수를 보게 되는 것은 그리 놀라운 일이 아니다. 아마도 예수 역시 하나님께서 심판 가운데 나타나실 곳이 예루살렘이 아닌 다른 장소일 것이라고는 생각하지 않았던 것 같다.

제 5장
예루살렘, 배신과 처형

우리는 예수가 얼마나 자주 수도[예루살렘]를 방문했는지, 심지어 그의 사역이 얼마나 오래 지속되었는지에 대해서도 아는 바가 없다. 마태와 누가가 뒤따르는 마가복음 속 시간 배열[chronology]은 예수가 단 한 번 예루살렘에 방문했을 뿐이며, 그의 사역은 일 년 남짓에 불과했다는 인상을 준다. 마가는 갈릴리와 관련된 자료를 모두 전반부에, 그리고 예루살렘과 관련된 자료를 모두 후반부에 나누어 배치함으로써 대단히 정형화된 틀을 갖춘 이야기를 제공한다. 이러한 배치는 예수가 실제로 사역한 시간 순서에 대해서는 사실 아무것도 말해주지 않는다. 요한복음은 이와 다소 다른 인상을 풍기는데, 이 복음서에 따르면 예수는 적어도 2년 반 이상 지속된 사역 기간 동안에 몇몇 유대 절기들을 지키려 예루살렘으로 갔다. 하지만 여기서 우리는 다시 조심해야 할 필요가 있다. 요한복음은 예수를 유대 절기들을 대체하는 분으로 그려내길 바랐기 때문이다. 이러한 바람은 다양한 절기가 벌어지는 배경, 즉 거룩한 도시 예루살렘으로 예수를 끌고 옴으로써 가장 효과적으로 이루어졌다. 이로써 예수는 하누카—빛을 통해 기념하는 절기—시기에는 세상의 빛으로, 그리고 유월절 시기에는 진정한 유월절 어린 양으로 비춰질 수 있었다. 다시 말하지만 우리가 가장 피해야 할 일은 성급하게 요한복음에 의존하는 것이다. 그렇다면 예수의 사역이 얼마나 오래 지속되었는지 그리고 그가 예루살렘에 몇 번이나 방문했는지에 대해서는 우리가 확신할 수 있는 것이 아무 것도 없는 것처럼 보인다. [예수 또한] 한 명의 경건한 유대인으로서 가능한 한 자주 이 거룩한 도시[예루살렘]로 순례 여행을 떠났을 것이라 추측해볼 순 있다. 또한 예수와 그의 제자들이 여러 번 예루살렘을 방문했다고 보는 것도 상당히 가능성이 있다. 하지만 결국 우리에게 중요한 것은 예수의 마지막, 곧 죽음과 관계된 방문이다.

복음서들은 예수의 마지막 예루살렘 방문, 그 상징적인 예루살렘 입성을 다수의 핵심 사건들과 연관시킨다. 이를테면 성전에서의 소동(요한복음은 이 사건을 예수의 사역 초기에 배치시킨다)이나, 예수가 친한 친구에게 배신당하는 사건, 상징적인 식사, 그리고 예수가 체포되고, 재판을 받고, 처형되는 사건들이 있다. 이 사건들 각각을 차례대로 살펴볼 필요가 있다. 하지만 그전에 먼저 유월절이라는 배경이 갖는 중요성을 인식하는 것이 중요하다. 유월절이라는 절기는 이집트에서 탈출하여 외부의 억압과 구속에서 벗어나 마침내 누리게 된 자유를 기념하는 절기이다. 이는 3대 순례 절기들 중 하나로서, 이로 인해 예루살렘과 인근 지역이 사람들로 가득 들어찰 정도였다. 보통 일주일 정도 지속되었으나 대부분의 사람들은 스스로를 정결하게 하기 위해서 일주일 더 먼저 이동하곤 했다. 또한 이 절기는 가족들이 재회하는 시간이었으며, 축제 분위기가 만연한 상태에서 이루어지는 대규모 국가 기념 행사였을 것이다. 그러나 이는 또한 정치적인 희망과 메시아 대망이 절정에 이르는 시기였으며, 따라서 소동이 일어날 가능성이 상당히 높은 시기였다. 실제로 요세푸스는 대부분의 폭동이 유월절에 일어났음을 언급하기도 했다. 바로 이런 이유로 로마 총독은 군부대와 함께 이 도시로 들어왔는데, 이는 유사시 그가 대응할 수 있도록 하기 위함이었다. 이처럼 예수와 그의 제자들은 아주 격정적인 상황 안으로 들어간 것이다.

예루살렘 입성과 성전 사건

예루살렘을 향한 예수의 마지막 여행은 나귀의 등을 타고 이루어졌다고 전해진다. 이것은 우리에게 겸손과 비하의 이미지를 불러일으킨다. 하지만 이는 이 장면의 의미를 잘못 해석한 것이다. 고대 세계에서 나귀는 흔한 이동 수단이었다. 옛 이스라엘 사사들이 주로 타고 다녔던 것도 나귀였으며, 솔로몬이 즉위식을 하러 가는 길에 탄 것도 나귀였다. 따라서 이 이야기의 초점은 다른 모든 순례자들의 경우 걸어서 예루살렘으로 향했던 반면에, 예수는 군중들의 갈채 속에서 나귀를 타고 등장했다는 점에 있다. 이것은 분명 공식적인 성명과도 같았다. 사실상 예수의 행동은 스스로를 하나님의 특사로 선언하며 승리 속에 도시로 입성한 것이었다.

다음날 예수는 성전으로 들어가 이와 동일한 도발적인 행동을 보인다. 복음서들에 따르면 예수는 바깥뜰로 가서 돈 바꾸는 자들과 비둘기 파는 자들의 상을 뒤엎었다. 오랫동안 학자들은 이 사건의 의미에 대해서 논의했다. 분명한 것은 이 사건이 그렇게 큰 사건은 아니었을 것이란 점이다. 성전의 바깥뜰은 축구 경기장 12개 정도 되는 거대한 규모였고 겨우 한 사람이 일으키는 시위 행동은 아주 작은 규모에 불과했을 것이다. 더욱이 성전의 경비를 맡은 자들이 예수를 곧장 현장에서 붙잡았던 것처럼 보이지도 않는데, 만일 시위 행동이 몇 분 이상 지속되었다면 분명 그 자리에서 붙잡혔을 것이다. 구약성경의 선지자들이 그랬던 것처럼 이것을 예언자적인 행동으로 보는 것이 아마도 최선인듯 하다. 이를테면 예레미야는 곧 일어날 바벨론의 승리를 상징화하려고 그의 목에 멍에를 둘렀다. 이사야는 이집트와 에티오피아에 대한 징조로서 삼년 동안 벗은 몸과 맨 발로 다녔다. 또한 에스겔은 390일 동안 옆으로 누워 이스라엘의 죄에 대한 형벌을 떠맡았다. 그렇다면 예수의 돌발 행동 역시 무언가를 상징하기 위해 고안되었다고 볼 수 있다. 과연 무엇을 상징하기 위함이었을까?

예수가 희생[제사] 제도에 반대했다는 식의 생각은 재빨리 무시하는게 좋다. 물론 성전이 결국 로마에 의해 무너지고, 기독교—와 유대교—안에서 성전과 희생 제사가 사라지게 되는 것은 사실이다. 하지만 고대 세계에서 희생 제사를 드리는 것은 곧 예배를 드리는 것이었다. 성전 안의 제물들은 모두 하나님께서 요구하신 것들이었다. 우리는 우리가 가진 현대적 선입견들로 1세기를 해석하지 않도록 주의해야 한다. 흔히 예수가 대제사장 계급에서 일어난 타락에 대해 항의한 것이라는 가설 역시 문제가 많다. 또한 성전의 제사장들이 희생 동물 판매에 대한 독점권을 누리고 있었다는 것과, 그들이 금전 거래 시 [한쪽에] 치우친 방법을 사용했다는 주장도 자주 제기되곤 하는데, 이는 분명 가능한 일지만 그럼에도 제사장 계급이 대체로 부패했었다는 고대의 증거는 없다. 또한 예수의 그러한 항의가 이곳 외에 그가 가르친 내용에서 중요하게 드러난 경우도 없다.

이보다 더 가능성 있는 해석은, 대부분의 학자들이 주장하듯이 예수의 시위 행동이 **성전의 파괴**를 의미한다는 것이다. 이러한 설명은 예수의 중요한 메시지와도 잘 들어맞는다는 이점이 있다. 예수는 다른 곳에서 성전이 더 이상 남아있지 않게 될 시기를 예상한 바 있다(특히 막 13:2). 상을 뒤엎는 것은 장차 다가올 성전의 파괴를 시각적으로 상징화한 것이다. 다른 묵시적 예언자들처럼, 예수는 하나님께서 오셔서 지상의 성전을 파괴하시고 천상의 성전으로 대체하실 것이라고 생각했던 것 같다. 좌우간 예수의 행동들은 현 상태에 만족하는 사람들을 향한 직접적인 도전이었다. 하나님께서 곧 오실 것이며 성전은 파괴될 것이다.

승리의 입성과 성전 사건 모두 작은 규모의 일들이긴 했지만 그럼에도 분명 유대 권력자들을 놀라게 했을 것이다. 우리는 이미 로마가 예루살렘 도시에 장관을 남겨두었으나, 도시는 제사장 계급에 속한 이들과 로마가 임명한 그들의 지도자, 대제사장의 수중에서 운영되었다는 점을 살펴본 바 있다. 예수가 활동한 시기에 대제사장의 자리는 요셉 가야바[Joseph Caiaphas]라 불리는 자가 맡고 있었다. 가야바는 주후 19년 빌라도의 전임자 그라투스[Gratus]에 의해 대제사장으로 임명되었다. 로마의 입장에서 볼 때 가야바는 상당히 유능한 정치가였고 믿을 만한 사람이었던 것 같다. 만일 그렇지 않았다면 그의 자리는 곧바로 다른 사람으로 대체되었을 것이다. 로마는 이러한 유대 민족의 당국자들이 수완을 발휘하여 계속해서 평화를 유지하고, 로마의 유익과 유대인들 사이에서 중재자 역할을 잘 감당하길 기대했으며, 폭동이 일어났을 때만 개입하기를 원했다. 아마도 가야바와 그의 측근들은 상당 기간 예수를 지켜봤을 것이다. 심지어 예수가 갈릴리에 있는 동안에도 예수를 관찰한 내용들이 그들에게 보고되었을 것이며 또한 예수가 오는 것을 대비했을 것이다. 그런데 예수가 예루살렘에 도착하자 상황이 더 위험해졌다. 예수는 추종자들을 거느렸고 그의 가르침은 무리의 봉기를 자극했다. 더욱이 예수는 그 모든 일을 가장 거룩한 장소에서 벌였던 것이다. 대제사장들로서는 유월절 기간 동안 성전을 매끄럽게 운영하는 것이 가장 중요했다. 예수는 이미 성전 안에서 메시지를 전한 상태였는데, 그가 그 다음에 무슨 일을 벌일지 누가 알겠는가? 만일 예수의 행적들로 인해 로마의 군대가 성전으로 들어온다면, 이는 단순히 유혈 사태만을 의미하는 것이 아니라, 또한 신성한 장소가 오염되고 더럽혀지는 것을 의미했다. 따라서 전반적으로 보아 예수가 더 이상의 문제를 일으키기 전에 그를 제거하는 것이 분명히 더 나았다.

배신당하는 예수

하지만 예수를 어떻게 제거할 것인가? 복음서들은 대제사장들이 예수를 따르던 자들 중 하나인 가룟 유다에게 협력을 구했다고 말한다. 예수가 가장 가까이 했던 친구들 중 하나가 예수를 배신했음을 인정하는 곤혹스러운 상황은, 이 일이 역사적으로 신뢰할 만한 기술이라고 대부분의 학자들이 믿게 만들었다. 그런데 유다는 도대체 왜 그랬던 것일까? 복음서들은 이 점에 대해서 우리에게 거의 어떠한 정보도 주지 않는다. 마태는 유다의 탐욕에서 비롯된 것임을 내비친다. 물론 당시 은 삼십은 고작 노예 한 사람 값에 해당하는 적은 금액이어서 유다는 그것으로 한 달 이상도 버티지 못했을 것이다. 누가와 요한은 그저 유다가 사탄에게 사로 잡혔다고 여길 뿐이다. 현대 학자들은 이 배신을 설명하는 데 있어서 훨씬 더 독창성을 발휘해왔다. 어떤 학자들은 유다가 예수의 사역이 좀 더 정치적인 노선을 취하기를 열망하는 가운데 결국엔 예수에게 환멸을 느끼게 된 것이라고 주장한다. 또 다른 학자들은 유다가 상황이 중대한 국면으로 전환될 것을 기대하며 대제사장과의 접촉을 꾀하여 예수의 결단을 이끌어 낸 것이라고 주장한다. 예수 스스로가 유다의 행동 이면에서 그의 배신을 부추겼다고 주장하는 이들도 여전히 존재한다. 물론 이 주장은 친한 친구에게 배신당한 예수의 오명을 제거하려는, 후대의 노력처럼 보이긴 한다. 예수의 제자들 가운데 유다만이 비-갈릴리 출신이었던 것은 아니었을 것이다. 유다의 이름은 유대 지역 안에 있는 '그리욧[Kerioth] 사람'을 의미한다. 우리는 유다가 다른 제자들로부터 소외감을 느꼈거나 혹은 성전 제사장들이 어떻게 해서든 유다에게 닿기 위해서 지역 관계망을 사용했을 것이라 추론해볼 수 있다. 그럼에도 결국 우리는 정확히 무엇이 유다로 하여금 자신의 선생을 배신하게 만들었는지 알 수 없다. 그저 유다가 예수의 가르침을 팔아넘겼다기보다는, 최소한의 소동으로 예수를 붙잡을 수 있는 시기를 제공함으로써 예수의 소재[위치]를 팔아넘겼다고 말할 수 있겠다.

상징적인 마지막 만찬

예수는 예루살렘에서 공간을 빌려 그의 친구들과 마지막 저녁 시간을 보냈다. 15세기 후반 레오나르도 다 빈치의 벽화가 보여주듯이, 이 모임이 오직 열두 명의 남성 제자들만으로 구성되었다고 생각할 근거는 사실 전혀 존재하지 않는다. 아마도 이 모임에는 다른 친한 친구들, 지지자들뿐만 아니라 갈릴리에서부터 예수와 함께 여행했던 여성들도 포함되었을 것이다. 예수는 자신의 죽음이 임박했음을 깨달았을 것이다. 예수가 유다의 배신에 대한 어떠한 낌새도 채지 못했다 하더라도, 예수는 세례 요한의 결말을 보았고 또한 예루살렘에 온 이후 자신이 보인 행동이 도발적이라는 것도 알고 있었다. 어쩌면 예수는 나중에 그가 없이도, 제자들 스스로가 자신의 일을 계속할 수 있도록 그들을 준비시키고자 했던 것 같다. 혹어쩌면 과거에 하나님께서 구원을 행하셨음을 기념하는 유월절 절기로 인해 고무되어, 하나님께서 때를 맞춰 개입하셔서 자신을 죽음으로부터 구해내시고 하나님의 나라를 세우실 것이라 희망했을 수도 있다.

이 모임에서 예수가 전한 말씀은 그가 여태껏 전했던 말씀들 가운데 가장 유명한데, 이는 그 후로도 기독교의 성찬식을 통해 계속해서 반복되고 있다. 실제로 우리는 이 말씀에 대한 다양한 버전들을 가지고 있다. 마가복음의 버전이 있고 이것과 거의 똑같은 마태복음 버전이 있다. 잔을 두 번 언급하는 누가복음은 약간의 차이가 있다. 또한 『디다케』로 알려진 2세기 기독교 지침서 안에도 상당히 다른 표현으로 기록된 버전이 있다. 이 모든 버전들은 분명 기록한 이들이 속한 기독교 공동체에서 통용되던 언어들을 반영하는 것이다. 가장 오래된 본문은 바울의 편지들 중 한 곳에 보존되어 있으며, 그 시기는 예수가 죽은 지 20년 이내로 거슬러 간다.

> 주 예수께서 잡히시던 밤에 떡을 가지사 축사하시고 떼어 이르시되 "이것은 너희를 위하는 내 몸이니 이것을 행하여 나를 기념하라" 하시고 식후에 또한 그와 같이 잔을 가지시고 이르시되 "이 잔은 내 피로 세운 새 언약이니 이것을 행하여 마실 때마다 나를 기념하라" 하셨으니
> (고전 11:23-25)

예수를 따르던 자들이 마지막 모임을 반추하게 되면서, 예수의 말씀은 상당히 중요한 상징적 위치를 점하게 되었다. 떡과 잔은 예수의 상한 몸을 상징하게 되었고, 예수의 죽음은 하나님과의 새로운 언약을 의미하는 것이 되었다. 그리고 마지막 만찬 자체는 예수가 영광 중에 다시 올 때까지 규칙적으로 반복되어야 하는 기독교의 의식으로 받아들여졌다. 이것들 중—만약 있다면—얼마만큼이 역사적 예수에게로 소급될 수 있는지, 그리고 얼마만큼이 초기 교회를 반영하는 것인지는 명확하게 꼬집어 말하기가 어렵다. 어쨌든 그날 저녁 성전 경비대가 예수를 잡으러 왔을 때, 그가 그렇게 많이 놀랐을 것 같진 않다.

예수의 체포, 재판 그리고 처형

예수가 공식적인 유대 재판 과정을 거쳤는지에 관한 의문은 역사적 예수 연구에 있어서 가장 논란이 되는 주제들 가운데 하나이다. 특히 제2차

세계대전 이후 일부 신약성경 본문의 반-유대주의 성향에 더 민감하게 반응하는 최근 수십 년 동안은 더욱 논란이 가중되어 왔다. 예수의 최후 몇 시간에 대해 우리가 가진 기사들은 상당한 차이를 보인다. 마가는 증언, 고발, 판결과 함께 유대 공회의 공식적인 야간 재판을 기록했는데, 마태도 이를 뒤따른다. 누가는 [이 장면을] 다음날 아침으로 옮겨 보다 축소된 버전을 제시하는데, [여기서의 재판은] 단지 예수를 로마로 넘기기 전에 이루어지는 예비 단계로 나타난다[눅 22:66-71]. 요한은 전에 대제사장이었고 동시에 가야바의 장인인 안나스의 간단한 심리[審理]를 담고 있다[요 18:19-24]. 복음서들이 은연중에 동의하는 지점은, 예수를 궁지로 몰아넣은 주동자는 유대 당국자들이었고, 로마의 총독은 마지못해 형을 선고했다는 것이다. 심지어 누가는 빌라도가 세 번이나 예수를 놔주려 애썼다고 말한다.

오늘날 학자들은 이 선동적인 묘사가 가장 초기의 그리스도인들이 처한 역사적 배경에서 비롯된 것이라고 확신한다. 초기의 그리스도인들이 생각하기에 유대인들은 예수의 메시지를 거부했다. 또한 새로운 전도 활동은 로마라는 세계, 특히 지중해 주변의 대도시에 그 토대를 두고 있었다. 복음을 전하는 그리스도인들이 마주했던 주된 어려움은 바로 십자가 처형이었다. 어쩌면 로마인들은 예수의 가르침에 끌렸을 수도 있다. 하지만 로마의 총독에 의해 수치스러운 죽음을 선고받은 한 선생을 믿으라고 설득하는 일은 결코 쉬운 일이 아니었다. 그리스도인들이 생각해낸 전략은 예수의 죽음에 있어서 유대 당국자들의 개입을 강조하고 로마의 역할은 축소시키는 것이었다. 이 수사적인 성과는 분명했다. 회심한 로마인들은 자신들이 체제 전복적인 그룹에 합류하고 있다는 걱정을 하지 않게 되었다. 예수의 처형은 유대 당국자들의 시기 섞인 모략 때문이었으며, 로마법에 따르면 예수는 죄가 없었다는 것이다.

이처럼 격정적인 자료들로부터 역사적인 사건을 재구성하는 것은 결코 쉬운 일이 아니다. 어떤 사람들은 예수가 체포된 것과 관련하여 어떠한 유대인들의 개입도 없었다고 주장한다. 이들은 십자가 처형은 로마의 형벌이었으며 또한 당시 예수와 같은 낮은 지위의 사람들은 쉽사리 제거될 수 있었기 때문에, 아마도 성전에서의 소동 이후 곧바로 처형되었을 것이라고 주장한다. 또 다른 사람들은 좀 더 중도적인 견해를 제시했는데, 곧 유대 지도자들의 개입을 **어느 정도** 인정하되, 복음서들이 말하는 것보다는 훨씬 덜 중요한 역할을 그들에게 부여하는 것이다. 우리는 이미 대제사장과 예루살렘 상위 계급들이 로마와 친밀한 관계에 있었음을 알고 있다. 로마의 지배자들은 그러한 상위 계급들이 로마의 유익을 도모하며 긴장 상태를 완화시키기를 기대했다. 평화를 추구하는 그들로서는 아마도 로마에 순응하지 않을 수 없었을 것이다. 틀림없이 제사장들은 점점 더 불안해하며 예수를 지켜봤을 것이고 그 불안감을 로마의 총독에게 전달했을 것이다. 하지만 대제사장들이 우려할 정도의 인물이었다면 틀림없이 빌라도 역시 염려하고 있었을 것이다. 대제사장들이 예수를 결박했을 때 비로소 빌라도가 처음으로 예수에 대해 듣게 된 것은 아니었을 것이다. 필시 빌라도는 감시자들과 정보원들로 이루어진 조직망을 가지고 있었을 것이다. 이 조직망 안에는 안티파스와 같은 상위 계급의 사람들도 있었는데, 안티파스는 심지어 예수가 예루살렘에 도착하기 이전부터 그 행적들을 판단하고 있었을 것이다. 안티파스는 예수가 [국가]안전에 위협이 되며 따라서 빠르게 제거해야 한다고 굳이 설득할 필요도 없었을 것이다.

여기서 다시 한번 십자가 처형의 수치스러운 성격을 강조할 필요가 있다. 로마 시민들에게 십자가형은 너무나도 모욕적인 것으로 여겨졌다.

이 형벌은 오직 도둑, 강도, 노예와 같은 낮은 지위의 사람들에게만 부과되었다. 희생자들은 벌거벗겨졌고(십자가 처형 장면에서 나타나는 허리 감개[loincloth]는 기독교적 정숙함을 드러내는 것이다), 자주 로마 병사들에게 폭행을 당했으며 또한 모인 무리에게 경멸과 조롱을 당하는 구경거리로 여겨졌다. 십자가형은 [범죄] 억제 기능으로 고안된 것이었으며, 대개 죄인의 혐의에 대한 내용이 십자가에 부착되었다. 복음서들이 말하는 것처럼 예수의 혐의가 '유대인의 왕'이었다면, 그것은 아마도 예수가—혹은 그의 추종자들이—품었던 메시아로서의 주장들을 조롱하려는 의도였을 것이다.

마가복음은 예수가 버림받은 것에 대한 부르짖음 속에서 죽었다고 말한다. "나의 하나님, 나의 하나님, 어찌하여 나를 버리셨나이까?"[막 15:34]는 시편 22편을 인용한 것이며 이는 마가의 십자가 처형 이야기 전체를 물들인다. 확실히 알 수는 없지만 성경을 따라 생을 살았던 이가 이러한 표현들을 입에 담고 죽었을 가능성은 충분히 존재한다. 흔히 다윗이 가장 어두운 시기를 겪을 때 나온 표현이라고 여겨지는 말씀 속에서, 어쩌면 예수는 힘과 용기, 희망을 끌어내려 했을지도 모른다. 좀 더 낭만적으로 누가의 예수는 대적들을 용서하고 자신의 영혼을 아버지에게 맡긴다(눅 23:34, 46). 그리고 요한의 예수는 자신의 과업을 성공적으로 완수하고 죽는다(요 19:30).

십자가형의 희생자들은 보통 매장되지도 못했다. 그 시신은 그저 새나 개들의 먹잇감으로 썩었다. 매장되지 못하는 것은 곧 한 사람의 모든 정체성이 완전히 사라지는 일이었으며 이는 고대 세계에서 굉장히 수치스러운 일로 여겨졌다. 물론 복음서들은 예수가 **매장되었다**는 것과, 아리마대 요셉이라는 한 유대인 지도자가 끼어들어 예수를—만일 서둘렀다면—제대로 매장해주었다고 주장한다. 하지만 이것이 과연 가능한 일인가? 십자가형을 당한 한 남성이 매장을 위해 그의 가족에게 보내졌다는 고고학적인 증거가 있다. 1968년 여호하난[Yehohanan]이라는 20살 남짓한 청년의 유골이 철못으로 발목뼈가 관통당한 채로 발견되었다. 아마도 십자가에서 그를 내려 매장해 준 사람들이 그 못은 제거하지 못했던 것 같다. 로마의 총독이 상대적으로 위험성이 덜 했던 설교가의 시신을 유월절 내내 수치스럽게 매달아 두기보다는 오히려 매장을 허락했을 것이라고, 사회적인 맥락을 상정해보는 것은 어렵지 않은 일이다. 하지만 예수가 매장되었다 하더라도 복음서 저자들이 생각한 것처럼 준수한 수준의 매장지에 묻히진 않았을 것이다. 아마도 극빈자를 위한 무덤에 수치스럽게 매장되었을 것이다. 그리고 아리마대 요셉은 감춰져있던 예수의 친구였다기보다는, 국가가 범죄자로 간주한 자들의 시신을 처리하는 불쾌한 작업을 책임지고 감독하는 공회원이었을 가능성이 더 높다.

* * *

나사렛 예수의 생애는 그렇게 끝이 났다. 예수를 '첫 번째 그리스도인'으로 보는 것은 옳지 않다. 가장 초기에 예수를 따랐던 모든 사람들처럼, 예수는 유대인으로서 살았고 유대인으로서 죽었다. 또한 예수가 자신이 새로운 종교를 세운다고 생각했을 리는 없다. 예수는 이스라엘의 회복을 갈망했고 또한 새로운 신앙이 아니라 그저 하나님의 통치가 임하기를 열망했다. 대개의 경우 예수는 동시대 기록가들의 본문 속에서 짧게 언급되는 정도로 그쳤으며 그나마도 이내 잊혀졌다. 하지만 전혀 예상치 못한 일이 벌어졌다. 예수의 처형이 있은 후 얼마 지나지 않아, 그를 따르던 자들이 예수가 죽은 자들로부터 일으켜져 하나님 우편으로 높임을 받았다는 심오한 의식에 사로잡힌 것이다. 이러한 주장과 함께, [예수]운동의 초점이 더 이상 예수의 가르침에만 맞춰지는 것이 아니라, 예수의 정체성—하나님에 의해 영광으로 높임을 받은 자—에도 맞춰지게 되었다. 예수의 이름으로 모이게 된 운동이 시골 지역의 작은 한 무리에서 시작해서 세계에서 가장 큰 종교가 되자, 예수는 점점 더 고귀한[고양된] 용어로 묘사되기 시작했다. 제2부에서 우리는 이 모든 일에 불을 지핀 사건, 즉 예수가 죽은 자들부터 되살아났다는 믿음에서 시작하여, 예수가 남긴 막대한 유산들에 이르기까지의 내용을 살펴볼 것이다.

제2부

예수가 남긴 유산

제6장
유대인의 예언자에서 이방인의 하나님으로

복음서들은 모든 것이 빈 무덤에서 시작되었다고 말한다. 십자가 처형이 있고 나서 며칠 뒤 한 무리의 여성들이 예수가 묻힌 장소로 돌아왔을 때, 예수의 시신은 더 이상 그곳에 없었다. [복음서보다] 아마도 20년 정도 먼저 기록을 남겼던 사도 바울은 빈 무덤에 대해서는 어떠한 언급도 하지 않았다. 대신에 바울은 다수의 부활 현현을 기록했는데, 여기에는 다메섹으로 가던 길에 그에게 일어난 현현도 포함되어 있다(고전 15:3-8). 무덤이 실제로 비어있었는지 여부는 역사가들이 확신을 가지고 대답할 수 있는 영역이 아니다. 또한 일반적으로 빈 무덤 자체만으로는 예수가 죽은 자 가운데서 되살아났다고 생각하게 만들진 못했을 것이란 점에 주목해야 한다. 이보다 더 그럴 듯한 다수의 설명들도 등장했는데, 가령 여성들이 무덤을 잘못 찾아갔다거나, 예수의 시신이 도난을 당했다거나 혹은 누군가 예수의 시신을 옮겼다거나 하는 식의 설명들이다. 그럼에도 불구하고 고대의 자료들에 따르면, 예수의 죽음 이후 얼마 지나지 않아 그를 따르던 자들이 하나님께서 예수를 죽은 자들 가운데서 일으키셨다는 강렬한 의식에 사로잡혔다는 점은 분명하다. 그에 대한 확신이 너무나도 뚜렷해서 두려움에 떨던 제자들은, 자신이 믿는 바를 위해 목숨까지 바치는 담대한 복음 전도자들로 탈바꿈되었다.

예수의 부활로 인해 가장 초기에 그를 따랐던 자들은 세계의 종말이 왔음을 확신했다. 이것이 우리에게는 어색하게 들릴 수 있지만, 당시에 그러한 추론은 자연스러운 것이었다. 대부분의 유대인들은 하나님께서 심판하러 오실 종말의 때에 보편적인 부활이 있을 것이라고 믿었다. 예수가 죽은 자들로부터 일으킴을 받았다면 이는 단 한 가지 사실을 의미했다. 종말의 때가 시작되었고 따라서 다른 이들 역시도 곧 영광으로 일으킴을 받게 되리란 것이었다. 이러한 생각은 하나님의 임박한 도래를 선포했던 예수의 메시지와도 잘 부합하며 또한 왜 기독교 복음 전도자들이 지중해 동쪽 지역에서 그 메시지를 긴박하게 전했는지도 설명해준다.

아주 초창기부터 예수를 따랐던 자들은 세계를 향한 하나님의 계획 가운데 예수의 역할이 무엇인지 설명하려고 노력했고 또한 예수의 죽음과 부활의 의미를 이해하려고 애썼다. 유대인들이 그 의미를 확실히 찾을 수 있었던 곳은 바로 신성한 〔히브리〕 성경이었다. 고대 문헌들을 모은 성경은 〔과거〕 이스라엘의 역사에 대해서 말해줄 뿐만 아니라 또한 하나님의 뜻을 현재에도 선포해준다고 여겨졌다. 이런 식으로 〔히브리 성경에〕 접근했을 때, 많은 본문들—특히 몇몇 시편들과 선지서 본문들—이 예수를 가리키는 것으로 여겨졌다. 예수를 따르는 자들은 예수를 성경 말씀의 성취로 보기 시작했다. 그리고 더욱 고귀한〔고양된〕 용어로 예수를 묘사하며, 십자가의 수치를 신학적 의미가 가득한 주제로 전환하기 시작했다.

바울

초기에 가장 중요한 인물은 사도 바울이었다. 바리새인으로서 훈련을 받은 바울은 새로운 신앙에 대해 처음에는 맹렬하게 반대하여 심지어 신자들을 핍박하기까지 했다. 하지만 다메섹으로 가던 길에 예상치 못한 극적인 환상 가운데 부활한 예수를 만나게 되고 그간의 노선에서 멈추게 된다. 바울은 이후 성찰과 숙고의 시간을 보내고 삶의 방향을 되돌려 그리스도를 따른다(흥미진진한 이 이야기를 직접 듣고 싶다면, 갈 1:11-24을 보라).

바울은 새로운 지역들을 돌아다니며 쉴 새 없이 메시지를 전하고 다녔다. 주로 지중해 동쪽 전역에 교회들을 세우고 편지로 연락을 주고받았다. 신약성경은 13개의 바울 편지를 담고 있는데, 현대의 학자들은 그 편지들 중 일부의 진정성[즉, 정말로 바울이 쓴 것인지]을 의심하고 있다. 우리가 하는 이야기에서 바울이 정말로 중요한 이유는, 그리스도인들이 예수에 관해 고찰했던 바를 그가 가장 먼저 기록으로 남겼기 때문이다. 바울은 십자가와 부활을 인간의 구원의 근거로, 또한 새로운 시대의 시작으로 보면서 그 두 가지에 많은 신학적 비중을 두었다(고후 5:15-17, 갈 6:14-15). 이 위대한 사도에 따르면, 예수의 죽음은 그의 앞선 삶의 모습 전부를 무색하게 만들 정도로 중요하며, 예수를 따르는 자들의 정체성과 관점의 토대가 된다.

바울은 당연히 예수가 유대인들이 기다려왔던 메시아라고 생각했다. 물론 이것은 고난이라는 개념이 포함되어 상당히 급진적으로 변형된 메시아상이었다. 바울은 예수를 새로운 인류의 원형, 즉 두 번째 아담으로 여겼다. 첫 번째 아담이 이 세계에 죄와 죽음, 우주적인 유죄선고[정죄]를 들여온 것과 마찬가지로, 예수는 성부의 뜻에 순종함으로 모든 사람들에게 의와 생명, 무죄선고를 가져다주었다. 바울은 예수를 하나님의 아들로 이야기하지만, 또 어떤 본문에서는 [하나님과 예수] 둘 사이의 구별을 흐릿하게 만든다(예를 들면, 빌 2:9-11를 보라). 바울은 당시 교회 안에서 통용되던 견해들을 반영하고 있을 것이다. 주목해야 할 것은 예수가 죽은 지 불과 10-20년이 지나지 않아 그를 둘러싸고 세워진 신학적인 고찰 수준이다. 유일신론을 따랐던 유대인들에게 있어서 예수와 하나님 사이에 그와 같은 친밀한 관계를 인정하는 것은 참으로 놀라운 일이다.

바울이 혁신적인 모습을 드러내는 지점은 (이방인으로 알려진) 비-유대인에게로 전도를 확장한 것과 관련이 있다. 이 문제는 예수의 사역 기간 동안에는, 다시 말해 첫 회심자들 모두가 유대인이었던 시기에는 드러나지 않았다가 시간이 지나면서 점차 쟁점이 되기 시작했다. 비-유대인들도 그리스도를 따르는 자가 될 수 있는가? 여기에는 모든 사람들이 그렇다고 동의했다. 하지만 그 근거가 무엇인가? 여기에 대부분의 사람들은 먼저 유대인이 되어야 한다고 생각했다. 다시 말해 유대 율법을 지켜야 하며 또한 만일 남자라면 할례를 받아야 한다는 것이었다. 대다수 사람들에게 이는 대단히 타당한 해결책으로 보였을 것이다. 이 해결책은 그리스도를 따르는 모든 자들이 율법을 지켜야 하며, 그로써 식탁 교제나 다른 공동 모임에 어떠한 문제도 없게 됨을 의미했다. 하지만 바울은 이러한 사고 방식에 대하여 격렬하게 반대했다. 바울에게 있어서 하나님께서 예수의 부활을 통하여 하신 일은 곧 사람들이 구원을 얻을 수 있는 완전히 새로운 길이 열린 것이었다. 이제 모두가 해야 하는 일은 하나님께서 행하신 일을 믿는 것이다. 그 외에 다른 어떤 일을 요구하는 것은 — 실제로 비-유대인들에게 유대 율법을 지키라고 요구하는 것은 — 곧 하나님께서 예수의 십자가와 부활을 통해 행하신 결정적인 일들을 무시하는 것이다. 결국 바울의 주장들이 받아들여졌다. 이방인들은 율법을 지켜야 한다는 요구를 받지 않고도 기꺼이 새로운 신앙 안에 받아들여졌다.

많은 사람들이 한 유대 분파를 세계 종교로 뒤바꾼 인물이 바울이라고 주장하면서, 그가 기독교의 진정한 창시자라고 믿는다. 이러한 주장은 지나친 것이긴 하지만, 바울이 교회의 가장 위대한 사상가 중 한 명인 것은 분명하다. 또한 바울은 율법 없는[law-free] 이방인 선교에 견고한 신학적 기초를 놓은 인물이라고도 할 수 있다. 만일 새로운 회심자들이 유대 율법을 지켜야 한다고 요구받았다면, 1세기 후반 로마라는 세계 안에서 이 새로운 신앙의 호소력은 틀림없이 한풀 꺾였을 것이다. 누가는 주후 50년대에 이미 수리아[시리아] 안디옥 지역에 그리스도를 따르는 자들이 큰 공동체를 이루었으며, 또한 바로 이곳에서 그들이 처음으로 '그리스도인'으로 알려지게 되었다고 말한다. 이때부터 기독교는 로마 제국 전역에 퍼져 나갈 수 있는 수단을 갖게 되었다.

최초의 복음서들

바울이 확장해 나가는 교회에 신학적인 토대를 제공했다면, 주후 70년대 초기의 마가복음을 시작으로 네 복음서들은 교회를 세운 이에 대한 최초의 전기[biographies]를 제공한다고 할 수 있다. 이때쯤이면 첫 세대 그리스도인들 중 다수가 죽고 아마도 그들의 이야기를 보존하고픈 바람이 생겼을 것이다. 하지만 이에 못지않게 정치적, 사회적 요인들도 중요하게 작용했다. 주후 70년에 예루살렘 성전이 로마에 의해 파괴되었는데, 이는 유대 공동체와 기독교 공동체 모두에게 상당한 충격을 안겨다 주었다. 마가의 복음서에 자주 박해가 언급된다는 점은, [그것이 기록되기] 불과 몇 년 전에 일어났던 네로의 잔인한 기독교 박해의 여파로 로마에서 기록된 것이란 전승을 지지할 수도 있다. 이런 험악한 분위기 속에서는 당대 신자들이 그들의 신앙의 중심이 되는 인물과 직면할 수 있는 기원적인 이야기가 필요했을 것이다.

다른 고대 전기 작가들과 마찬가지로 마가는 자신의 독자들에게 예수의 삶의 방식을 보여주며 그것을 따라야 할 모범으로 제시한다. 물론 여기에서도 초점은 여전히 예수의 수난(고난을 의미)에 맞춰져 있다. 마가복음의 거의 1/3 분량이 예루살렘에서의 예수의 마지막 사역과 십자가 죽음에 할애되었다. 물론 그럼에도 예수의 〔죽음〕 이전의 삶의 모습은 바울서신에서보다 오히려 마가복음에서 훨씬 더 중요한 역할을 한다. 마가복음 안에서는 특별히 예수의 정체성에 대한 의문이 중요하다. 예수가 메시아인 것은 명확하지만 이것이 내러티브 속 인물들에게는 숨겨져 있어서, 마치 비밀의 장막이 마가의 예수를 덮고 있는 것 같다. 수난 내러티브에 이르러서야 비로소 그 비밀〔의 장막〕이 들추어지고, 독자들은 이야기 속 대부분의 인물들이 깨닫지 못하는 바를 깨닫게 된다. 곧 메시아 예수는 고난을 받고 죽는다는 점이다.

마가는 예수가 세례를 받는 장면에서 이야기를 시작한다. 하늘에서 하나님의 음성이 들리고 예수는 하나님의 택함 받은 아들임이 공식적으로 인정된다. 이 복음서 저자는 전반부에서 갈릴리에서의 예수의 사역을 묘사하고자 자신의 자료를 배치하는데, 여기에는 기적, 비유, 종교 당국자들과의 갈등이 포함된다. 예수는 자연조차 압도하는 권능과 권세를 가지고 있다. 그는 폭풍을 잠잠케 하고 물 위를 걸으며 신적〔영적〕 지식을 가지고 있다. 중반부는 예수가 영광스러운 모습으로 변형되는 장면으로 시작한다. 이 장면에서 예수는 하늘의 영광을 드러내고 또한 여기에 엘리야와 모세도 함께 등장한다. 그러고 나서 예루살렘으로 가는 여행을 묘사하는데, 여기서 예수는 자신의 죽음을 예언하고 또한 그를 따르는 자들이 감당해야 하는 제자〔됨〕의 대가를 설명한다. 예수는 제자들이 각기 자신의 십자가를 져야 하며, 〔어쩌면 문자 그대로〕 세상의 모든 명예와 지위를 포기해야 할 것이라고 말한다. 이야기의 후반부는 예수의 예루살렘 입성과 그의 마지막 일주일을 다룬다. 특히 마지막 저녁, 예수의 체포, 재판, 그리고 십자가 처형을 좀 더 자세히 부각시킨다. 마가복음은 불가사의하게도 빈 무덤에 있던 여성들이 두려워 떨며 도망가는 모습으로 끝이 난다. 후대의 독자들은 이러한 결말에 불만족하여 다수의 부활 현현을 덧붙였다(막 16:9-20).

이 초기의 예수 전기는 아주 잘 알려져 있었고 광범위하게 퍼져 나갔으며 또한 후대 문헌들에 상당한 영향을 끼쳤다. 이로부터 10여 년 — 혹은 그 이상 — 이 지난 후에 마태와 누가는 마가복음을 주요한 자료로 사용한 것 같다. 물론 마태와 누가 두 복음서 모두 그들만의 독특한 예수상을 만들어낸다.

아마도 마태복음은 여전히 자신들을 유대 회당의 일부분으로 여겼거나 혹은 이제 막 회당을 떠난 그리스도인들을 위해 기록되었을 것이다. 마태복음의 저자는 훨씬 더 유대적인 배경 속으로 마가의 예수를 배치시킨다. 여기서 예수는 다윗의 자손 그리고 모세와 같은 율법의 수여자로 나타난다(마 5장). 또한 처음부터 끝까지 [히브리]성경의 약속들을 성취하는 분으로 그려진다. 마태의 복음서는 60회가 넘는 [히브리]성경 인용을 담고 있다. 마태는 토라[토라는 소위 모세오경이라 불리는 히브리 성경의 처음 다섯 권을 의미하며 때로는 구약성경 전체를 가리키기도 한다-역주]에 있는 모세오경을 상기시키려고, 그의 자료를 배열하여 예수의 가르침을 다섯 덩어리로 만드는데, 그중 가장 유명한 부분이 바로 산상수훈이다(마 5-7장).

누가는 자신의 복음서 이야기를 사도행전으로 알려진 두 번째 책에서 이어간다. 누가복음의 경우 새로운 신앙이 유대 세계의 중심인 예루살렘으로 퍼져나가는 것을 기록하고 있다. 반면에, 그 후속편 격인 사도행전은 그러한 움직임이 제국 세계의 중심인 로마로 옮겨가는 것을 기록했다. 분명히 누가복음의 저자는 기원적인 이야기 안으로 이방인 선교를 가져오는 데에 특별한 관심이 있었다. 누가의 예수는 성령으로 충만한 선생이자, 결국엔 죽음을 맞이하는 예언자로 그려지는데, 이는 이스라엘에게 버림을 받는 것이 언제나 예언자의 운명이었기 때문이다(눅 13:33-34). 또한 누가의 예수는 정치적 압제로부터 구원을 가져다주는 자이자(눅 1:71, 74), 경제적인 역전과 사회적인 포용을 주장하는 자이다. 가난한 자들, 버림받은 자들에게 전해진 누가의 복음은 수세기 동안 많은 그리스도인들에게 반향을 불러일으켰고 이는 오늘날에도 여전히 유의미하다.

마태복음과 누가복음은 모두 예수에 대한 족보를 제공한다. 두 복음서 모두 예수가 다윗 왕의 혈통임을 밝혀내는데, 마태의 경우 궁극적으로 유대 민족의 아버지인 아브라함까지 찾아가는데 반해, 누가는 첫 번째 인간, 아담까지 거슬러 간다. 하지만 종국에 가서 더 중요한 의미를 갖는 것은 결국 예수의 기적적인 탄생 이야기이다. 그레코-로만 세계에서는 위대한 인간은 독특하게 출생한다는 생각이 일반적이었다. 이를테면, 알렉산더 대왕의 어머니, 올림피아스[Olympias]는 자궁에 벼락을 맞아 그 불꽃이 그녀의 몸 전체에 퍼져가는 꿈을 꾸었다고 전해지는데, 이는 곧 제우스가 아이의 아버지임을 가리키는 것이었다. 이와 유사하게 아우구스투스 황제의 어머니, 아티아[Atia]는 아폴로 신전에서 잠이 들었을 때, 뱀의 모습을 한 아폴로 신에 의해 임신하게 되었다고 전해진다. 히브리 성경 안에서도 사라가 이삭을 가졌을 때 그 나이가 80세였던 것과 같이 늙은 여성에게서 아이가 태어나거나, 혹은 사무엘의 어머니, 한나와 같이 불임이라고 알려진 여성에게서 아이가 태어나는 것과 같이 몇몇 인물들의 [비범한] 출생이 눈에 띈다. 비범한 출생은 그 아이가 하나님에게 특별히 선택을 받았다는 확실한 표징으로 여겨졌다. 마태와 누가 모두 이러한 전통을 따르긴 하지만 히브리 성경에 나오는 이야기들보다 한 걸음 더 나아간다.

메시아의 어머니는 단지 늙거나 불임인 정도가 아니다. 마태와 누가는 그녀가 한 번도 남자와 잠을 잔 적이 없는 처녀라고 이야기한다.

마태복음과 누가복음의 저자들이 예수의 탄생 이야기를 역사적인 이야기로 받아들이게끔 의도했는지는 확신할 수 없다. 두 복음서 모두 실제 어떤 일이 일어났는지 신뢰할 만한 정보를 가질 수 있었던 때로부터 오랜 시간이 지나 1세기 후반에야 기록되었다. 또한 두 복음서의 이야기가 상당히 달라서 조화시키기가 쉽지 않다. 예수의 탄생에 관한 연극을 해봤던 사람이라면 아마 누구나 이해할 것이다. 시적인 표현이 보여주는 것은 예수의 진짜 아버지는 목수 요셉이 아니라 하나님이라는 점이다. 더욱이 마가의 복음서가 내비치는 것처럼, 예수는 세례 받을 때에 하나님의 아들이 된 것이 아니라 — 그가 수태된 순간부터 — 언제나 하나님의 아들이었다. 마지막으로 다윗의 동네인 베들레헴에서의 탄생은, 진정으로 다윗의 혈통과 가문에서 난 자라는 메시아로서의 자격을 확증해준다.

누가는 다소 다른 결말을 보이는데, 그리스도인들이 예수에 대하여 갖는 견해 가운데 중요한 자리를 차지하는 또 다른 사건, 즉 하늘로의 승천을 추가한다. 승천은 두 번 언급되는데, 누가복음의 결말에서 한 번 나타나고(눅 24:50-51), 누가의 두 번째 책인 사도행전 시작 부분에서 다시 한 번 나타난다(행 1:1-11). 누가는 온전히 현실적인 차원에서 부활 현현 이야기를 하다가 마무리 짓고, 부활한 예수의 몸에 어떠한 일이 일어난 것인지를 설명한다. 누가에 따르면 그 몸은 견고한 육체적인 몸이다. 하지만 이보다 더 중요한 것은 예수가 성부 하나님의 우편으로 승천했고, 지금도 영광 중에 좌정하고 있음을 누가가 분명하게 밝히고 있다는 점이다. 때때로 사도행전 안에 인물들은 이 고양된[높여진] 예수를 짧게나마 보게 된다. 스데반은 첫 번째 기독교 순교자로서 죽임을 당하기 전, 환상 중에 예수를 보았고(행 7:55-56), 바울 역시 다메섹으로 가는 길 위에서 예수를 보고 들었다(행 9장).

요한복음으로 넘어가면 우리는 예수에 관해 새롭고 다양한 기독교적 이미지들을 만나게 된다. 프롤로그[서언]에서부터 우리는 예수가 하나님의 말씀이자, 신적 지혜의 구현이며, 또한 하나님의 창조의 대리자임을 알게 된다. 다른 복음서들이 예수의 신성을 모호하게 남겨두는데 반해, 요한복음은 이에 대해 상당히 명확한 입장이다. "이 말씀이 곧 하나님이시니라"(요 1:1). 이 복음서는 예수가 이 땅에서의 사역을 하기 이전에는 하늘에 존재했다는 생각 곧 예수의 선재함을 강조한다(이러한 믿음에 대한 더 앞선 시기의 표현을 보려면 빌 2장을 보라). 요한은 그의 문헌 곳곳에서 예수를 유대 절기들과 제도들의 성취자이자 대체자로 그리는데, 곧 예수는 새로운 성전이자(요 2장), 광야의 새로운 만나이며(요 6장), 또한 새로운 유월절 어린 양이다(요 19장). 예수에 대한 또 다른 묘사들은 히브리서에서 발견된다. 히브리서는 예수가 하늘의 대제사장으로서 갖는 우주적 의미를 탐구하는 한 편의 설교와도 같다. 묵시적 환상들이 이어지는 요한계시록의 경우, 그리스도를 '처음과 나중', 하나님의 어린 양, 용사[divine Warrior], 그리고 하나님의 보좌에 앉아 경배를 받으시는 분으로 그려냄으로써 기독교의 상징을 더욱 풍성하게 만든다.

예수에 대한 다른 초상들

주후 2세기 초반에 이르면, 이후 신약성경으로 인정받는 문헌들 대다수가 기록된다. 하지만 사실 이 시기에는 아직 '신약성경'이란 것은 없었고, '정경' 개념이나 권위 있는 문헌들의 모음도 없었다. 아마도 다양한 그리스도인 그룹들이 각기 다른 문헌들을 선호했을 것이다. 바울서신과 복음서들은 누구에게나 인기가 있었던 것으로 보인다. 특히 마태복음의 경우 초기 교회에서 우위를 점했던 것 같다. 하지만 다른 문헌들의 경우엔 아직 자리를 잡아가는 중이었다. 그리고 몇 세기가 경과하면서 더 많은 기독교 문헌들이 만들어지기 시작했다.

이 문헌들 상당수는 이를테면 "예수는 어린 시절 어떤 모습이었을까?"와 같이 그저 순수한 호기심의 산물이다. 사복음서 정경 중에서는 오직 한 복음서만이 예수의 유년 시절 이야기를 들려준다. 이 이야기 안에서 예수의 부모는 하룻길을 가고 나서야 12살 된 아들 예수가 없다는 것을 깨닫고 기겁하여 예루살렘으로 되돌아간다. 그리고 결국 예수가 성전에서 선생들과 율법 문제를 두고 의논하는 모습을 발견하게 되는데, 뜻밖에 그 아이는 다음과 같이 되묻는다. "내가 내 아버지 집에 있어야 될 줄을 알지 못하셨습니까"(눅 2:41-51). 그리스도인들이 예수의 어린 시절과 양육에 대해 더 알고 싶어한 것은 자연스러운 일이었다. 실제로 많은 문헌들이 전설적인 이야기들로 빈 곳을 채워 넣었다.

상당한 인기를 누렸던 문헌 중 하나가 『야고보의 원시복음』〔Protoevangelium of James〕이다. 복음서들의 전편〔프리퀄〕이라 할 수 있는 이 주후 2세기 문헌은, 예수의 어머니, 마리아에 관한 이야기를 들려주는데, 여기에는 그녀의 비범한 임신과 유년 시절, 그리고 독실한 신앙과 영구적 처녀성이 포함된다. 이 이야기 말미에 이르면 예수의 탄생이 자세히 다뤄지는데, 그 탄생은 베들레헴 밖 동굴에서 일어나며 또한 어머니 마리아에게는 어떠한 고통도 없다! 『도마의 유아기 복음서』〔Infancy Gospel of Thomas〕는 좀 더 이후 시기를 다루는데, 이를테면 예수의 유년 시절에 있었던 다양한 사건들을 전한다. 한 번은 예수가 안식일에 진흙으로 된 새들에게 생명을 불어넣는 일이 있었다. 또 한 번은 예수가 어린 아이 같은 심술을 부리며 하나님과 같은 권능을 휘두르는 골칫거리로 전락한 일도 있었다. 또 다른 이야기 말미에서 우리는 빌라도가 황제에게 보낸 편지들을 보게 되는데, 거기에는 빌라도의 행적들, 예수의 재판 기록들, 그리고 예수의 제자들의 죽음에 관한 이야기들이 담겨 있다. 특별히 더 흥미로운 문헌들로는 부활 자체를 설명하고 또한 인상적이게도 걸어 다니며 말하는 십자가를 전하는 『베드로복음』〔Gospel of Peter〕과, 성토요일〔Easter Saturday〕에 예수가 하데스로 내려가 죽은 자들에게 말씀을 전하는 이야기를 담은 『니고데모복음』〔Gospel of Nicodemus〕이 있다.

이런 문헌들 상당수가 중세 시대까지도 줄곧 독실한 신자들에게 간결하면서도 경건한 상상을 제공해 주었다는 점에서 완벽하게 정통적이었다고 말할 수도 있다. 또한 〔이 문헌들은〕 신학적으로 정교함이 떨어졌음에도 기독교 드라마에 나오는 예수와 다른 인물들에 대한 대중적인 이해를 형성하는 데 있어서 상당한 영향을 미쳤다. 이를테면, 『야고보의 원시복음』은 마리아 숭상〔devotion〕이 나타나는데 있어서 중요한 역할을 했으며, 『니고데모복음』은 중세 기적극을 통해 대중화된 사건, 소위 '지옥강하' 이야기를 전해주었다.

또 다른 문헌들이 나타나 2세기와 그 이후 교부들을 위협했는데, 그것은 바로 영지주의자들의 문헌이었다. 그리스 철학의 영향을 받은 영지주의자들은 우주에 대한 이원론적 견해를 갖고 있었다. 한편에는 빛과 선과 영의 영역이 있고, 또 다른 편에는 어둠과 악과 물질이 있다. 최고신은 빛으로 된 천상의 영역에 있지만, 인간은 데미우르고스로 알려진 하등한 신이 창조한 어둠의 세계에 갇혀 있다. 빛의 영역으로 올라가기 위해서는 지식(그리스어로 그노시스〔gnōsis〕, 그래서 '영지주의자'〔gnostic〕라 부른다)이 필요했다. 모든 영지주의자들이 다 그리스도인이었던 것은 아니다. 하지만 〔그리스도인이었던〕 사람들이 〔소수만이 이해하는〕 비전〔esoteric〕 문헌들을 다수 만들어냈고, 그중 일부가 이집트 나그함마디 마을의 항아리에서 발견되었다. 여기에서는 특히 『빌립복음』〔Gospel of Philip〕, 『진리의복음』〔Gospel of Truth〕, 『구세주의 대화』〔Dialogue of the Saviour〕가 중요하다.

영지주의에 속한 기독교 문헌들은 두 가지 중요한 주제를 다루는 경향이 있다. 첫 번째 주제는 예수가 이 세상에 오기 이전에 그의 존재에 대해 추론하는 것이다. 여기에 속하는 문헌들은 보통 어떻게 최고신이 타락한 인간 육체에 대해 책임을 지는지를 설명하기 위해 고안된 복잡한 우주론을 담고 있다. 하지만 대개 빛의 세계와 지상의 물질 사이에 간극이 너무 컸다. 그래서 대부분의 영지주의자들은 예수가 단지 인간처럼 **보였을 뿐**〔가현설〕이며, 따라서 실제로 고통을 받거나 죽은 것은 아니라고 믿었다. 그리고 바로 이러한 입장 때문에 떠오르는 정통적 견해와 갈등을 겪는다. 두 번째로 관심을 두었던 주제는 부활한 예수의 비밀스런 가르침에 초점을 두고, 독자들에게 영혼이 진정한 천상의 집으로 올라가는데 필요한 지식을 제공하는 것이다.

아마도 가장 잘 알려진 영지주의 문헌으로는 『도마복음』〔Gospel of Thomas〕을 꼽을 수 있다 — 위에서 언급된 『도마의 유아기 복음서』와는 다른 문헌이다. 이 주후 2세기 문헌은 114개의 절로 되어있고, 대부분이 도마에게 은밀히 전해진 예수의 어록들이다. 그 일부는 우리가 신약성경의 복음서들 가운데 보게 되는 내용들과 굉장히 유사하다.

> 예수께서 말씀하셨다. '보라, 씨 뿌리는 자가 나갔다. 한 줌(의 씨들을) 쥐고 나가서 (그것들을) 뿌렸다. 더러는 길 가에 떨어져서 새

> 들이 와서 먹어 버렸고, 더러는 돌 위에 떨어져서 흙에 뿌리를 내리지 못해 이삭을 내지 못했다. 더러는 가시떨기에 떨어져서 가시들이 씨가 자라지 못하게 막아버렸고 벌레가 삼켜버렸다. 그리고 더러는 좋은 땅에 떨어져서 좋은 열매를 냈으니, 어떤 것은 육십 배, 어떤 것은 백 배, 어떤 것은 이십 배의 결실을 맺었다.'
> (도마복음 9장)

물론 내용이 아주 다른 부분도 있다.

> 예수께서 그들에게 말씀하셨다. '너희가 둘을 하나로 만들 때, 너희가 속을 겉과 같이 만들고, 겉을 속과 같이 만들며, 또 위를 아래와 같이 만들 때, 그리고 너희가 남자와 여자를 하나 된 자로 만들어 남자가 남자 되지 아니하고 여자가 여자 되지 아니할 때, 또 너희가 눈 있는 자리에 눈을 만들고, 손 있는 자리에 손을 만들고, 발 있는 자리에 발을 만들 때, 그때 너희는 [그 나라에] 들어가게 되리라'
> (도마복음 22장)

다른 영지주의 작품들과 같이, 도마복음 안에는 예수의 고난, 죽음 심지어 부활에 관한 내용조차 전혀 나오지 않는다. 구원은 예수의 십자가 죽음을 통해 오는 것이 아니라, 감춰진 지식의 획득에서 온다는 것이다.

교부들은 이러한 복음서들을 단호하게 비판했다. 그러나 사실 영지주의는 모든 사람들을 사로잡지도 못했다. 초기 교회에서 가장 인기 있었던 복음서는 지금 우리가 신약성경에서 보게 되는 네 개의 복음서들이다. 아이러니하게도 신약성경은, 이후 '이단'〔heretics〕으로 낙인찍히게 되는 그룹들과의 다툼 가운데서 그 형태가 갖춰지기 시작했다. 다수의 기독교 문헌들을 입수할 수 있게 되자, 교회 지도자들은 신자들이 어떠한 위험에 노출되지 않고도 읽을 수 있는 권위 있고 신뢰할 만한 문헌들을 한 묶음으로 모으려 노력했다. 하지만 교회 지도자들은 크고 일반적인 내용에서 작고 세부적인 사항으로 넘어가는 방식[top down]으로 문헌들을 분류하기보다는, 이미 어느 정도 대중성을 얻은 문헌들을 선호하는 경향이 있었다. 정경의 형성은 느린 속도로 진행되었고, 실제로 주후 4세기에 이르러서야 우리가 아는 형태[collection]가 나타났다. 알렉산드리아의 감독이었던 아타나시우스는 주후 367년에 쓴 그의 부활절 편지[festal letter]에, '하나님을 경외하는[godliness] 가르침을 선포하는' 27개 문헌의 목록을 남겼는데, 이것이 [오늘날] 신약성경에서 발견되는 문헌들과 정확히 일치한다. 하지만 아타나시우스의 목록이 최종적인 결정이 된 것은 아니었다. 어떤 이들은 여전히 요한계시록과 다수의 서신들을 빼고 싶어 했고, 또 어떤 이들은 『헤르마스의 목자』[Shepherd of Hermas]와 『바나바 서신』[Epistle of Barnabas]을 넣고 싶어 했다. 그럼에도 분명 아타나시우스의 목록은 정경이 형성되는 과정에 있어서 중요한 한 단계였으며, 이는 곧 (오직) 27개의 문헌에서 발견되는 예수의 초상이 점차 권위를 얻게 된다는 것을 의미했다.

하나님이신 예수

처음 3세기 동안 초기 교회는 황제 혹은 지방 총독들의 칙령으로 인한 산발적인 박해 한 가운데 놓여 상당히 힘든 시간을 보냈다. 교회의 운명에 있어서 결정적인 단계는 주후 306년부터 337년까지 통치했으며 또한 첫 번째 기독교인 황제였던 콘스탄티누스의 즉위와 함께 이루어졌다. 주후 313년 콘스탄티누스는 밀라노 칙령을 반포했는데, 이는 곧 로마 제국 전역의 그리스도인들에게 관용을 보장한다는 내용이었다. 그는 또한 예수의 무덤[이라 추정되는 곳] 위에 성묘[Holy Sepulchre]교회 건축을 명령했는데, 이곳은 곧 기독교 세계〔Christendom〕에서 가장 성스러운 장소 중 하나가 되었다.

교회가 기독교의 신앙을 보다 분명하게 표현하고 설명하기 위해서 여러 번의 공의회를 연 것도 바로 콘스탄티누스의 통치 시기이다. 예수라는 인물은 특정한 문제들을 불러일으켰다. 어떻게 예수는 성부 하나님께 순종해야 하는 인간, 다시 말해 보통의 사람들이 겪는 제약 아래 놓인 인간인 동시에 하나님일 수 있는가? 주후 325년 로마 제국 전역에서 수많은 감독들이 니케아에 모여 소위 '아리우스 논쟁'으로 알려진 사안에 주목했다. 아리우스라는 이름의 알렉산드리아 장로는 성부 하나님의 우위와 특별함을 유독 강조하며 성자를 다소 격하시키는 방향으로 기울었다. 아리우스는 성자가 성부에 의해 창조되었으며, 하나님의 가장 완벽한 첫 번째 피조물이라고 주장했다. 이것이 함축하는 것은 성부와 달리 성자에게는 시작점이 있으며 따라서 영원한 존재가 아니라는 점이다. 알렉산드리아의 감독은 성자의 존재가 성부에게서 '영원으로부터 나신'〔begotten〕 분이며, 성부와 성자는 그 존재와 목적이 하나이고, 또한 영원히 함께 한다고 주장하며 아리우스에게 격렬히 반대했다. 양 진영 모두 자신들의 입장을 지지하는 기독교 문헌에 호소했는데, 종종 같은 문헌을 언급하기도 했다. 이를테면, 아리우스는 요한복음 14:28('아버지는 나보다 크심이라')을 인용한 반면, 그에 반대한 사람들은 요한복음 10:30('나와 아버지는 하나이니라')을 언급했다. 마침내 이루어진 결정은 아리우스에게 압도적으로 불리한 결정이었다. 공의회는 성자가 참 하나님이시고 성부와 영원히 함께 하시며 그 분과 동일한 본질로 나셨다고〔begotten〕 선포했다. 이렇게 공식화된 표현이, 오늘날 기독교인들이 신앙을 고백할 때 여전히 사용하고 있는 니케아 신경 안에 포함되었다.

우리는 한 분이신 주 예수 그리스도를 믿습니다.
그분은 하나님의 외아들이시며
영원으로부터 성부에게 나셨고
하나님에게서 나신 하나님이시며, 빛에서 나신 빛이십니다.
참 하나님에게서 나신 참 하나님이시고
창조되지 않고 나시어 성부와 일체시며
만물이 다 그로 말미암아 창조되었습니다.

우리를 위하여, 우리의 구원을 위하여
하늘에서 내려오시어
성령의 권능으로
동정녀 마리아에게서 육체를 취하시고
인간이 되셨습니다.

그는 우리를 위하여 본디오 빌라도 치하에서 십자가에 못 박히시고
죽임을 당해 묻히셨습니다.
성경에 기록된 대로
그는 사흘 만에 다시 부활하셨고
하늘에 오르셔서
성부 하나님 우편에 앉으셨습니다.

그는 산 자와 죽은 자를 심판하기 위해 영광 중에 다시 오실 것이며
그의 나라는 끝이 없을 것입니다.[5]

이후의 공의회들은 이러한 설명을 더욱 세밀하게 조정했는데, 이를테면 칼케돈 공의회(주후 431년)는 그리스도를 가리켜 '완전한 하나님이자 완전한 인간'으로 설명했다. 이러한 설명은 예수에 대한 기독교의 주류 견해가 되었으며, 그 이후로도 계속해서 대다수 교파들 안에 남아있다.

이러한 논의들과 논쟁들은 교회가 히브리적 토대로부터 불과 몇 세기

5 http://anglicansonline.org/basics/nicene.html에서 발췌한 것이다.

만에 얼마나 멀리 뻗어 나갔는지를 보여준다. 주후 5세기에 이르면, 예수라는 인물은 신적 존재, 본성, 본질과 관련된 그리스 철학의 개념 안에서 온전히 파악된다. 나사렛에서 온 유대 예언자는 이제 성육신한 하나님으로서 그를 따르는 자들에게서 경배를 받게 된 것이다.

제7장
예술, 유물, 수난극 — 그리고 시간

이전 장에서 우리는 주후 4-5세기 기독교 지성인들 그리고 공의회와 같이 보통의 사람들과는 다소 동떨어진 세계를 정리했다. 그런데 수세기가 지나고 보통의 사람들, 특히 기독교가 유럽에서 지배적인 위치를 차지했던 중세 시대 동안 사람들은 어떻게 예수와 관계를 맺었을까? 이번 장에서 우리는 사람들이 예수라는 인물과 관계를 맺었던 다양한 방식—순례[여행], 유물 숭배, 기적극[mystery plays], 심지어 시간의 구분—을 살펴보고자 한다. 하지만 그전에 먼저 사람들이 자신들의 신앙의 창시자에 대해 어떠한 이미지를 갖고 있었는지 살펴보고자 한다.

예술 속 예수

기이하게도 복음서들은 예수의 외모에 대해서는 어떠한 설명도 하지 않는다. 우리는 그보다 앞서 나타난 다윗 왕과 같이 예수가 아름다운 눈을 가졌고 또 잘 생겼다는 이야기를 듣고 싶어 하지만(삼상 16장), 복음서 저자들은 유난히 이 문제에 대해서 침묵을 유지한다. 요한계시록은 부활한 예수가 흰 머리와 불같은 눈, 그리고 놋쇠 발을 가졌다는 섬뜩한 이야기를 전해주지만(계 1장), 이것이 나사렛 예수를 그려내는 데에는 전혀 도움이 되지 않는다. 대부분의 초기 교회 교부들은 그저 예수가 육체적으로 아름다웠을 것이라 가정했다. 물론 '못 생긴 예수'를 퍼뜨린 이들도 있었다. 이러한 입장을 견지했던 이들 중 일부는 기독교의 적대자들이었다. 이를테면, 켈수스[Celsus]는 예수를 '못생기고 왜소하다'고 묘사했다. 테르툴리아누스[Tertullian, 터툴리안]와 이레네우스[Irenaeus] 역시 선지자 이사야가 아름답지 못한 외모를 가진 하나님의 종을 예언했던 것에서 영감을 받아 그러한 입장을 견지했다(사 53장).

아마도 우상에 대한 유대[인]의 금지령 때문에(출 20장), 예수에 대한 예술적 표현이 나타나기까지는 시간이 걸렸던 것 같다. 가장 초기의 그리스도인들은 그리스도와 그를 향한 자신들의 충성을 의미하는 다양한 상징들의 사용을 즐겼다. 가장 잘 알려진 사례로는 물고기 기호가 있다. 물고기에 대한 그리스 단어, 익투스[ichthus]는 기독교의 다양한 핵심 용어들의 첫 글자가 되었다.

I Iēsous (예수, Jesus)
Ch Christos (그리스도, Christ)
Th Theos (하나님, God)
U huios (아들, Son)
S Soter (구원자, Saviour)

이후 키(χ)와 로(ρ) 기호 역시 그리스어 '그리스도'[Χριστό]의 첫 두 글자를 상징하게 되면서 인기를 얻게 되었다—키(χ)와 로(ρ)가 합쳐져 ☧ 문형이 되었다.

예수에 대해 가장 초기의 그리스도인들이 그렸던 초상은 시리아, 두라 에우로포스[Dura-Europos]에 있는 교회에서 발견되었으며, 그 시기는 주후 250년 직전까지 거슬러 올라간다. 이 교회에서 그리스도를 선한 목자로, 중풍 병자의 치유자로, 그리고 베드로와 함께 물 위를 걷는 자로 그려낸 세 개의 그림이 발견되었다. 이 각각의 그림에서 예수는 튜닉〔고대 그리스나 로마인들이 입던, 소매가 없고 무릎까지 내려오는 헐렁한 웃옷-역주〕과 망토를 입은 짧은 머리의 젊은 철학자로 등장한다. 이와 유사한 그림들이 로마에 있는 카타콤〔초기 그리스도인들의 피난처가 된 지하 묘지-역주〕에서 발견되었는데, 여기서는 특히 예수의 세례와 나사로의 부활, 최후의 만찬에 대한 관심이 돋보인다. 그리고 주후 5세기 이후부터는 2차원으로 그려진 이콘〔icons〕들, 특히 예수가 변형될 때 보였던 영광스러운 외형으로부터 영감을 받은 이콘들이 동방교회에서 인기를 끌었다.

우리에게 익숙한 십자가에 달리신 그리스도에 대한 초상이 나타나기까지는 시간이 좀 걸렸는데, 대체로 그 이유는 십자가와 그 희생자들이 강렬한 반감을 불러 일으켰기 때문이다. 실제로 이에 대한 가장 초기의 증거는 모욕적인 맥락에서 나타났다. 대략 주후 3세기에 조잡하게 그려진 그라피토〔graffito, 벽면 등을 긁어서 새긴 고대의 그림이나 낙서를 의미한다-역주〕의 형태가 로마 팔라티노 언덕〔Palatine Hill〕에서 발견되었다. 이 그라피토는 나귀 머리를 가진 사람이 십자가의 달린 모습을 보여주는데, 그 아래에는 '알렉사메노스〔Alexamenos〕는 (그의) 신을 경배한다'라는 기록과 함께 한 손을 들고 찬양하는 사람이 있다. 고대 세계에서 이교도들은 자주 유대〔인의〕 하나님을 나귀와 연관지었기 때문에, 그림 전체는 분명 알렉사메노스란 이름으로 기독교 신자를 조롱하고 있다. 주후 4세기가 되어서야 비로소 그리스도인들은 십자가의 이미지를 되찾고 성상〔iconography〕의 중심에 놓게 된다. 콘스탄티누스의 통치 아래 십자가형은 금지되었다. 그리고 콘스탄티누스의 어머니, 헬라나가 '성 십자가'〔true cross〕를 발견하고, 또한 새롭게 세워진 성묘〔Holy Sepulchre〕교회를 향한 순례 여행이 유행하게 되면서 십자가에 달린 그리스도에 대한 이미지가 점차 인기를 얻게 되었다. 13세기에 이르면 〔예수의〕 십자가 처형 장면—그림이든 십자가에 못 박힌 예수상〔crucifix〕이든—이 모든 교회 제단〔altar〕의 중심에 놓이게 된다. 이는 대부분의 가톨릭교회에서 여전히 이어지고 있다. 하지만 종교개혁 이후 개신교 교회들의 경우 〔예수가 없는〕 텅 빈 십자가를 부활의 상징으로 선호하고 있다.

예수의 생애는 여러 시대에 걸쳐 예술가들에게 풍부한 자원을 제공했고, 서구 예술 전통의 토대를 형성했다. 예수의 탄생 장면은 12세기 후반 아시시의 성 프란시스〔St Francis of Assisi〕로 인해 유명해졌고 이후 수세기 동안 유럽 남부에 퍼져나갔다. 레오나르도 다 빈치〔Leonardo da Vinci〕는 1400년대 후반 그 유명한 최후의 만찬 작품에서 아름다운 외형의 예수를 그렸는데, 한 세기 이후 카라바조〔Caravaggio〕는 성경의 장면을 자연주의로 해석함으로써 대중적인 인식을 양분하기도 했다. 길게 물결치는 머리와 수염을 기른 모습이 표준으로 점차 자리잡았음에도 불구하고, 대부분의 예술가들은 옷과 외모 모두에 있어서 자신들이 속한 문화의 고정관념에 따라 예수를 그려냈다. 20세기가 되어서야 예술가들은 예수의 '다름'을 인식하고 초상화에서뿐만 아니라 연극과 영화에서도 그 다름을 표현하기 시작했다(아래를 보라).

순례 여행과 유물

주후 4세기 이후 순례 여행이 유행하게 되면서 신성한 장소들과 성스런 유물들이 기독교 신앙에 있어서 점차 중요한 위치를 차지하기 시작했다. 당연히 예루살렘은 확실하게 사람들을 끌어당기는 곳이었지만, 이는 베드로와 바울의 무덤이 있는 로마, 그리고 세베대의 아들 야고보의—것이라 여겨지는—묘지가 있는 스페인 산티아고 데 콤포스텔라 역시 마찬가지였다. 주후 8세기에 이르면 이런저런 유물들이 대부분의 기독교 교회들 가운데서 발견되는데, 많은 이들이 각 유물들과 연관된 성인들이 기적을 행한다고, 이를테면 성인들이 하늘에 있는 신자들을 대신해서 질병을 치유해주거나 혹은 탄원을 해준다고 믿었다. 성지로서 성공을 거둔 곳들은 인근 지역의 막대한 수입원이었다. 방문하는 무리들은 지역 경제에 이바지했다.

주후 326-328년, 콘스탄티누스의 어머니, 헬레나 황후는 거룩한 땅[예루살렘]으로 순례 여행을 떠났는데, 거기서 그녀는 그리스도의 십자가 처형에 사용된 못들과 함께 그 십자가의 나무를 발견했다고 전해진다. 이 유물들이 기독교 국가들[Christendom]에게서 가장 신성한 유물들이 된 것은 당연한 일이었다. 이후 수세기 동안 예수의 수난으로부터 나왔다고 하는 다른 많은 유물들이 유럽 왕실들 가운데서 나타났다. 예수가 묶여 매질을 당했다고 전해지는 기둥은 적어도 주후 3세기부터 알려지기 시작했고, 주후 5세기부터 나타난 가시관은 결국 루이스 9세가 얻게 되어 지금은 파리 노트르담 성당에 있다. 성창[Holy Lance], 곧 십자가 처형 때에 예수의 옆구리를 찌르는데 사용되었고 또한 그때 쓰인 못으로 꾸며졌다고 전해지는 창은 신성로마제국에게 대단히 중요한 것이었다. 왕들과 황제들은 권능과 권위의 상징으로 이 창을 전장에 가져갔고 언제나 가까이에 두었다. 또한 최후의 만찬에 등장하는 잔 역시 특별한 지위를 얻었는데, 이러한 현상은 특히 중세 시대 성배[Holy Grail]와 관련된 전설들과 연결되면서 더욱 뚜렷해졌다. 물론 이 '유물들'의 진위 여부를 입증하는 것은 결코 쉽지 않았다. 16세기 에라스무스[Erasmus]는 '성 십자가' 조각으로 지어졌다는 건물들의 수를 놓고 비꼬는 글을 쓰기도 했다. 1900년대 초반까지 〔예수의〕 십자가 처형 때 쓰였다는 못이 적어도 30개가 존재했으며, 지금도 박물관들과 바실리카들이 적어도 4개의 성창을 각기 자랑하고 있는 실정이다.

성인들과는 달리 예수는 하늘로 승천했고 이는 곧 어떤 육체적 흔적도 남아있지 않음을 의미했다. 이에 대한 유일한 예외는 예수의 포피, 즉 예수가 할례를 받을 때 떨어져 나온 부분이었다. 다소 괴이하게도 많은 교회들이 이 포피를 가지고 있다고 주장했으며 그것과 관련된 기적의 힘을 통해 이득을 누렸다. 외경 『아랍어 유아기 복음』〔Arabic Infancy Gospel〕에 따르면, 그 할례를 시행한 한 늙은 히브리 여인이 그 포피를 값비싼 향유—이후 '죄인 마리아'가 예수께 붓고 그녀의 머리털로 닦을 때 쓰인 바로 그 향유(눅 7장)—가 가득 담긴 옥합 안에 보관했다고 한다. 주후 800년 샤를마뉴〔Charlemagne〕 황제는 성탄절에 거행된 그의 대관식에서 교황 레오 3세에게 그리스도의 포피를 주었다. 샤를마뉴는 그가 성묘〔거룩한 무덤〕에서 기도하고 있을 때 천사가 자신에게 그 포피를 주었다고 단언했다. 하지만 비잔틴의 황후로부터 받은 결혼 선물이었다는 설도 있다. 또 다른 포피들이 유럽 전역에 나타났지만 대부분은 종교개혁 이후 사라졌다. 본래 레오 3세에게 주어졌던 포피는 1980년대에 도난당했다.

아마도 예수와 관련된 가장 중요한 유물은 토리노의 수의〔Shroud of turin〕일 것이다. 많은 사람들이 이 수의가 예수를 매장할 때 그를 감쌌던 옷이라고 믿었다. 세피아〔먹물〕로, 긴 세마포〔linen〕 조각 안에 맨 몸인 남성의 (앞뒤) 외형이 흐릿하게 그려져 있다. 예수에 대한 묘사를 떠오르게 하는 긴 머리, 턱수염과 함께 두 손이 생식기 앞에서 교차하는 모습을 띄고 있다. 1988년에 이루어진 탄소연대 측정에 따르면, 이 수의의 연대는 중세 시대이며 1357년 프랑스에서 처음으로 발견된 수의와 거의 일치한다. 그럼에도 불구하고 이 '수의'는 교황 요한 바오로 2세와 교황 베네딕토 16세를 포함하여 수백만의 방문객들을 매혹시켰다.

중세 유럽에서 유물 숭배와 거의 동시대에 나타난 기적극들은 당시 엄청난 인기를 끌었다. 처음에 기적극들은 교회 안에서 공연되었으나 13세기 초반 교황 인노첸시오[Innocent] 3세는 성직자들의 참여를 금지했고 결국엔 마을의 길드가 떠맡게 되었다. 이 때부터 기적극은 라틴어가 아닌 그 지역의 언어로 공연되었고 성경과 관련 없는 장면들도 추가되었다. 또한 공연이 전반적으로 더욱 정교해졌는데, 또 다른 특징이라면 보통 며칠 동안 공연이 지속되었다는 점과 경건하지 못한 말투를 사용하기 시작했다는 점이다. 어떤 기적극들은 창조부터 최후 심판의 날까지 광범위한 성경 역사를 다뤘던 반면, 또 어떤 기적극들은 특정한 내용에 초점을 두었는데, 이를테면 부활절에는 특히 [예수의] 수난을 다루는 것을 선호했다.

가장 유명한 수난극 중 하나가 1634년 [독일 남부] 바이에른 주의 도시 오버라머가우[Oberammergau]에서 처음으로 공연되었다. 페스트가 휩쓰는 동안 이 도시의 거주민들은 만일 하나님께서 살려주신다면 10년마다 수난극을 공연하겠다는 서약을 했다고 전해진다. 결국 이 도시는 페스트 전염병에 무너지지 않았고 그때부터 계속해서 10년마다 수난극을 공연했다고 한다. 이 수난극은 반-셈족주의라는 비난에 대한 반응으로 여러 번 개작되었으며 심지어 오늘날에도 수많은 순례자들을 매료시키고 있다.

시간

고대 교회는 언제나 역법[calendar]과 연대 체계[dating system]에 특별한 관심이 있었다. 이러한 관심은 대체로 교회의 주요 절기인 부활절 때문이었는데, 이 절기는 로마세계 전역에서 사용되던 **태음력**을 **태양력** 기준으로—부활절은 춘분 이후 첫 보름〔만월〕 다음 첫 번째 일요일에 기념했다—바꾸기 위한 상당히 복잡한 계산을 요구했다.

누가부터 시작하여 그 이후로 그리스도인들은 그저 로마 황제들이 통치한 때를 기준으로 사건들의 연대를 매기는 로마의 체계—로물루스와 레무스의 로마 건국 시기까지 거슬러 가는 체계—를 따랐다. 주후 6세기 초반까지 가장 보편적이었던 연대 체계는 〔황제〕 디오클레티아누스〔Diocletian〕의 〔즉위〕연대에 토대를 두고 있었다. 그러나 이 황제는 초기 교회를 박해했던 인물이었기에 결코 바람직한 상황이 아니었다. 주후 525년 로마에 살았던 한 스키타이〔Scythian〕 수도사 ('겸손한'〔Humble〕 혹은 '작은 데니스'〔Dennis the Small〕라고도 불리는) 디오니시우스 엑시구스〔Dionysius Exiguus〕는 완전히 새로운 연대 체계를 만들었는데, 이 체계는 그리스도의 탄생에 대한 〔수태〕고지 때부터 날짜를 센다. 이제 연도는 아노 도미니〔Anno Domini, AD〕 혹은 '주님의 해'를 통해 부르게 된 것이다.

디오니시우스가 어떻게 계산을 했는지는 분명하지 않다. 현대의 많은 학자들은 그가 수태고지 날짜를 잘못 계산했다고 생각한다. 하지만 복음서들은 예수의 탄생을 둘러싼 사건들에 대하여 정확한 연대를 제공하지 않는다. 누가는 이 연대를 주후 6세기 구레뇨 치하에 있었던 인구조사와 연결한다. 학자들이 마태복음의 연대를 의존하는 경우가 보다 일반적이라고 할 수 있다. 마태는 예수가 헤롯의 죽음(주전 4세기) 직전에, 아마도 주전 6세기 즈음 태어났다고 말한다. 이 두 가지 가능성 사이에 한 연대가 〔실제 연대와〕 그렇게 멀리 동떨어지진 않을 것이다. 그리고 이것이 아마도 우리가 〔성경에 기록된〕 사건들로부터 최대한으로 얻어낼 수 있는 연대 폭일 것이다.

새로운 역법이 인기를 얻기까지는 시간이 좀 걸렸다. 주후 731년 영국의 역사가 [존엄한] 베다[Venerable Bede]가 그의 저서 『영국민의 교회사』[*Ecclesiastical History of the English People*]에서 새로운 역법을 사용했으며, 수십 년이 지나 요크[York]의 앨퀸[Alcuin]이 카롤링 제국에 이 체계를 소개했다. 이로써 서부 유럽 전역에 퍼지게 되었다. 14세기가 되어서야 유럽을 지배했던 가톨릭을 통해 확고히 자리 잡았는데, 1422년 포르투갈이 마지막으로 이 체계로 바꾸었다. 그리고 러시아가 오랜 비잔틴력[Byzantine calendar]을 포기한 1700년이 되어서야 동방정교회도 받아들였다. 이러한 변화의 영향으로 그리스도의 생애는 역사의 전환점에 놓이게 되었다. 이제 전 세계의 사건들을 예수의 탄생 전후를 기점으로 측정하게 된 것이다. 유대인들과 무슬림들은 각기 자신들만의 체계를 갖고 있지만, 그럼에도 이 역법은 오늘날 가장 널리 사용되는 연대 체계이다. 하지만 최근 들어 어떤 이들은 이 체계에 분명하게 드러나는 기독교적인 기원을 불편해 했고 결국 AD와 BC를 CE와 BCE('공통 시대'[Common Era]와 '공통 시대 이전'[Before the Common Era])로 대체했다. 본서도 이 새로운 관례를 따른다. 물론 날짜는 전과 동일하며 단지 명칭만 바뀌었을 뿐이다.

예수의 생애는 또한 한 해[year]를 나누는 경계에도 영향을 미쳤다. 실제로 많은 국가들이 기독교의 절기들[feasts], 주로 성탄절과 부활절을 따라 해당 연도를 나눈다. 초중고와 대학교, 정부의 일정도 기독교 성일들[holidays]을 기준으로 정해지고 있다. 그리고 다수의 소소한 기독교 축제들[festivals], 이를테면 예수 승천일, 성령 강림절, 성인의 날 등도 달력을 꾸며주고 있다. 기독교 축제들이, 보다 세속화된 북[부]유럽 국가들 가운데서는 점차 사라지고 있지만, 남부에 가톨릭이 지배적인 국가들에서는 사회 지형의 일부로 여전히 남아 있다.

다음 장에서는 우리의 관심을 돌려 오늘날의 예수를 살펴보려 한다. 곧 오늘날 예수가 신자들에게뿐만 아니라, 기독교를 향해 어떤 특정한 지지도 보이지 않는 이들에게까지 미치는 영향을 살펴보고자 한다.

제8장
오늘날 예수

물론 예수가 남긴 가장 위대한 유산은 기독교 교회라고 할 수 있다. 세계 곳곳에 22억 명이 넘는 〔기독교〕 신자들이 있으며, 이는 전 세계 인구의 1/3에 달한다. 예수가 일으킨 운동은 참으로 전 지구적이라고 할 수 있다. 마지막 장에서 우리는 기독교뿐만 아니라, 다른 세계 종교들 가운데 예수가 차지하는 위상에 대해서 생각해 보고자 한다. 이와 함께 점차 세속화되는 서구 세계에서 이상하리만치 지속되는 예수의 역할에 대해서도 살펴보고자 한다.

오늘날 기독교

사도행전 안에서 새로운 신앙이 로마로 퍼져나가는 것에서부터, 15-18세기 위대한 '대항해시대', '신대륙' 복음 전도에 이르기까지, 교회는 언제나 선교 활동과 함께 해왔다. 기독교 선교사들은 유럽인들의 탐험과 식민지 정복의 발자취를 열성적으로 뒤따라 다니며 토착민들을 강압적으로 개종시키기도 했는데, 그 결과 〔그들의〕 오래된 전통적 개념들이 새로운 신앙과 결합되어 다양한 믿음의 모습들이 나타났다.

오늘날 기독교가 가장 큰 성장을 보이는 지역들은 대다수 아프리카와 구소련 국가들 그리고 중국 안에 있다. 이제 기독교는 점점 더 세속화되고 있는 서구보다 오히려 남반구에 더 확고한 토대를 두고 있다. 아래에서 다시 살펴보겠지만, 서구 세계는 '기성 종교'〔organized religion〕로부터 눈에 띄게 돌아서고 있다. 여러 측면에서 볼 때, 이러한 현상은 교회가 앞선 시기의 양상으로 회귀하고 있음을 의미한다. 사실 기독교는 본래 '유럽의' 종교가 아니었다. 가장 초기 교부들은 거의 다 북아프리카인이었다. 기독교의 수도원 제도는 이집트에서 시작되었으며, 이슬람이 등장하기 이전에 이미 상당수의 기독교인들이 이란과 아프가니스탄, 예멘, 사우디 아라비아, 그리고 대부분의 중앙 아시아 국가들에 진출해 있었다. 사도 도마는 기독교 신앙을 인도에 전파했다고 여겨지며, 〔인도에 세워진〕 그 교회는 상대적으로 초기에 중국과 몽골 안으로 들어갔다. 하지만 아이러니하게도 오늘날에는 아프리카와 라틴아메리카, 동아시아의 선교사들이 서구 세계로 가는 실정이다.

최근 수십 년간 눈에 띄는 성장을 보이는 교회들은 주로 성경의 권위와 신자들의 '중생'을 강조하는 복음주의와 오순절파에 속한 교회들인 경우가 많다. 두 진영 모두 미국과 남반구에서 특별히 강세를 보이며, 보통 젠더와 성 문제에 있어서 신학적으로 보수적인 입장을 취하는 경우가 많다.

교회는 다양한 표현들을 통해서 예수 그리스도의 삶과 죽음, 그리고 그의 모범을 계속해서 전파했다. 복음서를 읽는 것은 예수의 삶에 관한 이야기를 떠올리는 일이고, 기도는 곧 예수에게 하늘 아버지와 함께 개입해 주기를 요청하는 것이다. 그리고 설교는 오늘날의 삶에 있어서 예수의 말씀이 갖는 의미를 숙고하는 일이다. 1990년대 미국의 젊은이들 사이에 인기를 끌었던 한 복음주의 운동은 '예수님이라면 어떻게 하셨을까?'〔WWJD—What Would Jesus Do?〕가 적힌 팔찌를 홍보하기도 했다. 이 팔찌의 핵심은 젊은 사람들로 하여금 그들의 도덕적 기초를 예수의 사랑과 삶 위에 두도록 격려하는 데에 있었다. 물론 복음서 자체에 새겨져 있는 '그리스도를 모방한다'는 고대 개념으로 되돌아가는 의미도 있었다.

이 모든 것들과 함께 찬양이라는 활기찬 전통 역시 대부분의 기독교 교회가 지닌 특징이라고 할 수 있다. 종교개혁은 찬송가에 대하여 두 가지 상이한 반응을 만들어냈다. 하나의 반응은 교회 안에서 성경적이지 않은 그 어떤 부분도 하지 못하도록 제거하는 반응이었는데, 찬양이나 음악 쪽도 예외는 아니었다. 오직 시편 그리고 단선율 성가〔plainchant〕만이 허용되었다. 또 다른 반응은 마르틴 루터가 특히 지지했던 입장인데, 찬송가 작사와 회중 찬양을 쏟아내는 것이었다. 〔시간이 지나면서〕 점차 단순히 성경을 바꿔 말하는〔paraphrase〕 수준에서 벗어나는 찬송가들이 나타났다. 감리교의 찰스 웨슬리〔Charles Wesley〕는 '천사 찬송하기를'〔Hark the Herald Angels Sing〕과 같은 곡을 포함하여 6,000곡이 넘는 찬송가를 작사한 것으로 유명하다. 19세기 초반 미국에서 있었던 '제2차 대각성 운동'은, '나 같은 죄인 살리신'〔Amazing Grace〕과 '주 하나님 지으신 모든 세계'〔How Great Thou Art〕와 같은 종교 음악의 부흥으로 이어졌다. 또 흑인들은 독특한 흑인 영가〔sprituals〕를 만들어 냈다. 그리고 지난 수십 년 동안 현대 예배는 대중 음악으로부터 상당한 영향을 받았다. 시가 그러한 것처럼 찬송가 역시 예수의 성품과, 오늘날 예수에 대한 기독교인들의 반응 모두에 대해 생각해 볼 수 있는 많은 기회를 제공해 주었다.

이슬람 속 예수

하지만 기독교가 예수를 공경하는 유일한 세계 종교는 아니다. 예수는 이슬람 안에서도 중요한 역할을 맡고 있다. 이슬람이 유대인과 그리스도인 모두와 아주 근접한 곳에서 등장했다는 점 그리고 두 신앙 모두에게서 개종자들을 끌어와 논쟁을 일으켰다는 점을 감안하면, 이는 그다지 놀랄 일도 아니다. 이슬람 안에서 발견되는 예수의 초상들은 7세기 초반에 통용되던 폭넓은 예수 문헌—정경 복음서들뿐만 아니라 외경과 영지주의 문헌까지도—의 영향력을 보여준다.

실제로 예수는 이슬람 안에서 중요한 인물이며, 쿠란[Qur'an] 114장 중에 15개의 장에서 언급된다. 예수는 가장 높은 지위의 예언자로 여겨지며, 또한 아브라함, 모세, 마호메트와 함께 (복음)서를 가져오는 메신저 혹은 **라술**[rasul, 이슬람에서 말하는 예언자를 뜻한다-역주]이다. 쿠란이 예수의 기적적인 수태를 언급하긴 하지만, 그렇다고 예수가 신으로 여겨지는 것은 아니다. 예수는 '하나님의 영'[Spirit of God]으로 불리는데, 이는 예수가 그 영의 활동을 통해 태어났고 또한 하나님의 권능을 통해 기적을 행했기 때문이다. 그리고 예수는 사실 십자가에 못 박히지 않았으며 다만 비신자들에게 그렇게 보인 것뿐이라고 한다. 예수의 육체는 승천할 때 하늘로 올라갔는데, 이것이 대부분의 무슬림들에게는 예수의 생애에 있어서 중요한 사건이다. 대다수의 무슬림들은 종말에 예수가 이 땅에 돌아올 것이며 적그리스도, 즉 **다잘**[ad-Dajjal]을 무찌를 것이라고 믿는다. 무슬림들은 복음서들이 예수의 진짜 메시지를 잃어버렸다고 생각한다. 이후 마호메트가 그 메시지를 되살리러 와야 했을 정도로 예수의 가르침은 거의 남아 있는 것이 없다고 여긴다. 이와 같이 예수는 마호메트보다 앞서 나타난 선임자로 그려지고 있다.

유대교 속 예수

유대교 안에서 예수에 대한 인식은 훨씬 더 적대적인 방향으로 흐른다. 이것을 보여주는 좋은 역사적 근거가 있다. 본서 제1부에서 우리는 신약성경의 몇몇 부분들이 반-유대주의 경향을 보인다는 점과, 〔유대교와 기독교라는〕 두 신앙 체계가 자주 험악한 논쟁에 휩싸여 결국엔 서로 분리되었다는 점을 살펴본 바 있다. 중세 시대 내내 수난극들은 유대인들을 그리스도를 죽인 자들로 그려냈는데, 이는 기독교의 반-셈족주의〔anti-Semitism〕에 불을 지폈다. 이로 인해 의심과 적대감이 피어올랐고 결국엔 반-유대주의〔anti-Jewish〕로 인한 대학살로까지 이어졌다. 유대 랍비들은 예수를 배교자로 혹은 스스로를 신으로 선언한 마술사 정도로 보았다. 엄청난 인기를 끌었던 중세의 유대 소책자, **톨레돗 예슈**〔Toledot Yeshu, History of Jesus〕는 마리아가 요셉 판데라(아마도 로마 군인)에게 강간을 당한 것이고, 예수는 성전에서 하나님 이름의 능력을 몰래 가지고 나와 기적을 일으킨 것이라 주장했다. 또한 유대 지도자들은 예수가 부린 마술과 사람들을 미혹시킨 혐의로 그를 고발한 것이고, 한 정원사가 나중에 예수의 시신을 가져가서 다른 곳에 묻은 것이라고 주장했다(그래서 무덤이 비게 되었다는 것이다).

하지만 19세기 이후 유대인 학자들은 역사적 예수에 대해 관심을 갖기 시작했다. '유대인 예수'를 되찾아 갔으며, 다른 고대 현인들과 함께 유대 문헌에서 한 자리를 차지할 만한 인물로 여겼다. 예수는 새로운 종교를 세우고 싶었던 것이 아니란 점과 예수가 최후까지 율법을 준수했다는 점 그리고 예수는 사실 복음서들이 말하는 것보다 훨씬 더 바리새인들과 공통점이 많았다는 점이 점차 명확해졌다. 홀로코스트의 여파로 예수의 십자가 처형에 대해 많은 연구가 이루어졌다. 오늘날에는 예수의 죽음에 대한 주요 책임이 로마인들에게 있고, 그 혐의 또한 신성모독이 아니라 선동을 일으킨 데 있다는 점이 일반적으로 받아들여지고 있다. 예수의 죽음에 대한 책임을 '유대인들'에게로 돌리는 기독교인들의 방향은 이제 다소 정확하지 못한 것으로 여겨지고 있다. 기껏해야 작은 무리의 유대 지도자들이 예수를 로마인들에게 넘겨준 것뿐이다. 심지어 그들이 그렇게 행동한 데에는 분명 정당한 이유가 있었다. 1965년 제2차 바티칸 공의회는 유대인들이 예수의 죽음에 대한 책임이 있고 바로 이 때문에 하나님께로부터 버림을 받았다는 견해를 공식적으로 철회했다. 이것은 두 진영을 더 나은 관계로 이끌었고 이제는 '라이벌' 보다는 오히려 '형제'로 여겨지고 있다.

문화 기독교인

앞서 언급한 것처럼, 세속주의의 발흥은 일부 지역, 특히 유럽의 북부와 서부에서 기성 종교가 쇠퇴하게 만들었다. 무신론을 받아들이거나 혹 스스로를 불가지론자라고 선언하는 것에 대해 만족해 하는 사람들이 생기는가 하면, 또 한편에서는 자신을 '문화 기독교인'이라고 묘사하는 사람들의 수가 늘어갔다. 문화 기독교인이란 교회가 견지하는 신학적인 믿음을 받아들이지도 않고 또한 그리스도를 구원자로 생각하지도 않지만, 비-실천적 무슬림들과 유대인들이 자신들의 독특한 문화 전통을 따르는 것과 마찬가지로, 기독교 사회 안에서 자란 영향에 따라 자신을 기독교 **문화**와 연결하는 것에 만족감을 느끼는 사람들을 뜻한다. 기독교 절기, 찬송가, 성탄극, 추도 예배는 모두 우리가 공유하는 문화 배경에 속한다고 할 수 있다. 사회적인 관계를 맺거나 심지어 영적인 감흥을 얻기 위해서 실천적 기독교인이 될 필요가 없게 된 것이다.

교회는 종종 현대의 세속적 담화 안에서는 좋지 못한 모습을 보여 왔지만, 신기하게도 나사렛 예수라는 인물은 그에 굴하지 않았다. 예수는 계속해서 타인의 모범이 되는 위대한 도덕 선생으로 여겨졌는데, 심지어 이것은 특별히 기독교 신앙을 갖고 있는 않은 사람들에게서도 마찬가지였다. 일반적으로 예수는 마하트마 간디와 같이 높은 도덕적 기준을 가진 사람으로, 참으로 선량한 사람으로 여겨졌다.

점차 성경을 읽지 않는 오늘날과 같은 시대 속에서 대부분의 사람들은 예수에 대한 지식을 영화와 같은 매체들을 통해서 얻게 되었다. 1977년 프란코 체피렐리(Franco Zeffirelli)가 만든 6시간 분량의 텔레비전 드라마 *'나사렛 예수'*(Jesus of Nazareth, 1977)는 영어권에서는 중요한 이정표와 같았다. 전 세계 수억 명의 시청자들이 이 드라마를 접하게 되면서, 배우 로버트 파웰(Robert Powell), 곧 파란 눈의 우아한 배우가 한 세대 동안 예수에 대한 이미지를 규정해버렸다. 2년 후 영화 *라이프 오브 브라이언*(Monty Python's Life of Brian, 1979)은 체피렐리가 설정한 내용을 동일하게 활용하면서도, 완전히 불경하고 무례한 분위기를 연출했다. 연출가들이 그리스도—겨우 몇 차례 등장할 뿐이다—와 불행한 브라이언 사이에 차이를 두는 일에 주의를 기울였음에도 불구하고, 두 인물의 이야기가 워낙에 비슷했기 때문에 이 영화는 처음부터 논란에 휩싸였다. 최근에는 멜 깁슨이 만든 영화 *패션 오브 크라이스트*(The Passion of the Christ, 2004) 안에 폭력성과 자주 드러나는 반-유대성(anti-Jewishness) 때문에 격렬한 항의가 일어나기도 했다. 물론 십자가 처형은 정말로 잔혹**했다**. 어쩌면 멜 깁슨이 묘사했던 것보다도 훨씬 더 잔인했을 것이다. 또한 반-유대적 경향은 복음서들 그 자체, 특히 수난 내러티브에서 기인하는 것이기도 하다. 그럼에도 불구하고 이 영화 속 〔폭력성과 반-유대성이라는〕 두 측면은 현대인들의 정서에는 분명 불쾌한 일이었다.

막달라 마리아와 예수의 관계에 대한 의문은 계속해서 대중들에게서 많은 관심을 받았다. 이 의문은 1970년 앤드류 로이드 웨버〔Andrew Lloyd Webber〕와 팀 라이스〔Tim Rice〕를 통해 보다 감각적인 방식으로 다루어졌다. 그들이 만든 락 오페라, *지저스 크라이스트 슈퍼스타*〔Jesus Christ Superstar〕를 보면, 사랑에 빠진 마리아가 예수를 향한 자신의 사랑을 노래한다. 니코스 카잔차키스〔Nikos Kazantzakis〕의 소설 『최후의 유혹』〔*The Last Temptation of Christ*〕에 토대를 둔 마틴 스코세이지〔Martin Scorsese〕의 영화 *그리스도 최후의 유혹*〔The Last Temptation, 1988〕은 이보다 훨씬 더 논쟁에 휩싸였다. 이 영화는 죽어가는 예수에게 십자가에서 내려오라며 유혹하는 사탄을 묘사하는데, 결국 예수는 막달라 마리아와 결혼하여 평범한 가족의 삶을 꾸리게 된다. 예수가 그 유혹에 저항하는 모습을 드러냈음에도 영화는 상당한 스캔들을 일으켰고 수년 동안 많은 국가들이 상영을 금지시켰다. 이와 유사한 주제를 다루고 발전시킨 론 하워드〔Ron Howard〕의 *다빈치 코드*〔The Da Vinci Code, 2006〕는 댄 브라운이 쓴 동명의 베스트셀러에 토대를 둔 영화이다. 이 영화 안에서 예수와 마리아는 아이를 낳고, 이렇게 세워진 혈통은 프랑크 메로빙 왕조를 거쳐 오늘날까지 이어진다. 영화 속 중심 인물들은 바티칸의 공모들과 '흔히 수상쩍다고 여겨지는 의혹들'〔usual suspects〕—시온 수도회, 오푸스 데이〔Opus Dei〕, 성전기사단, 성배의 전설—과 연루된, 다소 개연성이 떨어지는 음모 속에 휘말린다. 오늘날에는 '검과 샌들'이 나오는 영화들이 줄어들 기미가 보이지 않는데, 히스토리 채널에서 10시간 분량으로 각색해서 만든 드라마 *더 바이블*[The Bible]과, 그것의 스핀오프 격인 영화, *선 오브 갓*[Son of God, 2014]만이 [이러한 추세에 반해] 최근에 유일하게 나온 작품들이다.

그러나 예수의 생애를 각색한 작품들보다 더 사람들의 흥미를 끄는 것은, 강렬한 '그리스도 신화'를 활용한 소설과 영화일 것이다. 이러한 소설과 영화 안에서 선하고 도덕적인 인물은 대개 타인을 위해 자신을 희생시킨다. 또한 두 팔을 벌리거나 혹은 용서의 말을 남기는 식으로 십자가 처형을 연상시키는 죽음을 맞이한다. 가장 유명한 예로는 C. S. 루이스[Lewis]의 소설 시리즈, 『나니아 연대기』[*The Chronicles of Narnia*]—기독교 이미지가 공공연히 드러난다—작품 속 아슬란을 들 수 있다. 다소 덜 분명하게 드러나지만, 여전히 이러한 기승전결을 따르는 작품으로는 J. K. 롤링[Rowling]이 쓴 소설 해리포터 시리즈도 있다. 또한 J. R. R. 톨킨[Tolkin]의 작품 속 간달프, 삼부작 영화 *매트릭스*의 주인공 네오, *터미네이터* 시리즈에 나오는 존 코너 그리고 오랫동안 방영된 영국 텔레비전 시리즈 *닥터 후*에 나오는 닥터도 있다. 이들 대부분이 '기독교인'으로 묘사되진 않지만(이를테면, 최근 닥터 후의 작가는 무신론자였다), 그 줄거리는 독특하게도 기독교의 체계—이는 소위 기독교 국가에서 자란 사람들 대부분에게는 너무 기본적인 것이라 인식조차 하지 못할 때가 있다—를 따른다.

추신: 구세주 그리스도

2016년 여름, 브라질의 도시 리우데자네이루에서 올림픽이 개최되었다. 코르코바도[Corcovado] 산 위에 우뚝 서 그 도시를 내려다보는 아르데코 양식의 거대한 조각상이 있는데, 이는 바로 구세주 그리스도이다. 두 팔을 벌린 이 조각상은 단지 그 아래에 있는 사람들을 향한 그리스도의 보살핌이나 보호를 상징할 뿐 아니라, 전 세계의 기독교를 상징하기도 한다. 수많은 사람들이 직접 경기를 지켜보고 그보다 더 많은 사람들이 텔레비전 채널을 맞춰 시청함에 따라 그러한 그리스도 인물상은—때론 부차적이라 하더라도—불변의 모습이 되었다.

사실 이 조각상은 많은 측면에서 본서의 주제를 요약하고 있다. 시골 동네에서 태어난 예수의 메시지, 곧 임박한 하나님 나라의 도래를 전한 메시지로 인해 예수는 당대 정치 당국자들과 부딪치게 되었다. 예수는 친구에게 배신을 당했고 정식 재판이라 할 만한 것을 거의 받지 못한 채 그저 체포되어 처형을 당했다. 하지만 이것이 예수 이야기의 결말은 아니었다. 예수를 따르던 자들은 사흘 후 예수가 죽은 자들로부터 일어나 결국 영광으로 높임을 받게 되었다고 주장했다. 이 확신과 그로 인한 영향은 시간이 지날수록 더욱 강력해졌다. 2천 년이 지났음에도 여전히 많은 사람들이 이 수수께끼와 같은 인물에 빠져들고 있다. 어떤 이들에게 예수는 그들을 예배의 자리로 부르는 불변의 존재이다. 또 어떤 이들에게 예수는 위대한 선생이자 도덕적 모범으로 존경받아 마땅한 존재이다. 심지어 [예수에게] 특별한 관심이 없는 사람들조차 예수의 이미지와 유산으로부터 상당한 영향을 받고 있는 스스로의 모습을 발견하곤 한다. 최소한 한 가지는 분명하다. 바로 나사렛 예수가 없다면 현대 사회는 이전과 아주 다르게 보일 것이란 점이다.

묵시적〔apocalyptic〕 이는 종말과 관련된 환상과 계시를 담은 문헌 양식에서 나온 명칭이다. '묵시적 예언자'는 임박한 심판을 선포하는 자를 뜻한다.

대제사장〔chief priests〕 상위 계급이었던 예루살렘의 제사장들은 유대 지역의 일상적인 운영을 담당했는데, 대제사장은 이들 중에 선출되었다.

이방인〔Gentiles〕 비-유대인을 뜻한다.

영지주의〔Gnosticism〕 주후 2세기부터 인기를 끌었던 철학 체계를 가리킨다. 영지주의 그리스도인들에게 구원은 감춰진 지식의 획득을 통해 온다.

복음〔Gospel〕 본래 '좋은 소식'을 의미하는 용어이며, 특히 예수의 사역, 삶, 죽음을 전하는 기독교인의 행위 혹은 그 일부분을 뜻한다.

하스몬 왕조〔Hasmonaeans〕 주전 1-2세기 유대 대제사장 및 왕 가문의 이름이며, 또한 마카비 가문의 후손들이다.

헤롯1세〔Herod Ⅰ〕(**헤롯대왕**〔Herod the Great〕) 로마에 의해 왕위에 오른 이두매〔Idumaean〕 출신 유대인이며, 주전 37년부터 주후 4년까지 통치했다.

요세푸스〔Josephus〕 유대 역사가이자 장군으로서 상위 계급에 속했으며 주후 37년부터 대략 100년까지 〔활동했다〕. 이 시기의 유대 지역에 대해 우리가 아는 거의 모든 정보는 요세푸스의 두 작품, 곧 『유대 전쟁사』〔The Jewish War〕와 『유대 고대사』〔The Antiquities of the Jews〕에서 나온 것이다.

수난〔Passion〕 이는 '고난'을 의미하는 라틴어로부터 나왔으며, 일반적으로 복음서에 묘사된 그리스도의 고난을 가리킬 때 사용된다. 복음서들의 결론 부분은 대개 '수난 내러티브'라고 불린다.

바리새인〔Pharisees〕 정결, 성경 해석, 구전〔oral traditions〕에 관심을 보인 것으로 유명한 유대 분파를 가리킨다.

장관〔prefect〕 유대 지역을 맡았던 로마 총독〔governor〕의 칭호이다.

정결〔purity〕 하나님의 거룩한 성전에 들어갈 준비가 된 상태를 가리킨다. 많은 일들이 사람을 부정하게(혹은 더럽게) 만들었는데, 여기에는 시체나 몸에서 나오는 유출물과 같이, 부정한 사람 혹은 부정한 것과의 접촉도 포함된다. 일반적으로 제의적 목욕은 정결을 회복시킨다.

인자〔Son of Man〕 예수가 자주 스스로를 가리킬 때 사용한 표현이다. 어떤 지점에서는 단순히 '나'를 의미할 때도 있지만, 또한 다니엘 7장에 나오는 종말의 인물을 환기시키고자 할 때 의도적으로 사용되기도 한다.

성전〔Temple〕 유대인의 하나님을 예배하는 유일한 제의 중심지로서 예루살렘에 위치해 있다. 제2성전은 포로에서 귀환한 후에 지어졌으며, 헤롯1세가 호화로운 규모로 재건했다.

토라〔Torah〕 유대인의 법을 의미하며, 때로는 성경의 첫 다섯 권, 즉 창세기, 출애굽기, 레위기, 민수기, 신명기를 특정해서 가리키기도 한다.

변형〔Transfiguration〕 마가복음 9:2-8(마태복음 17:1-8, 누가복음 9:28-36)에 묘사되는 장면을 가리킨다. 예수는 가장 친밀한 제자들과 함께 산으로 올라가, 하늘의 영광 가운데 그들에게 〔변형된 모습을〕 드러내 보이는데, 이때 흰 옷과 함께 모세와 엘리야가 등장한다.

Beilby, J.K. and Eddy, P.R., *The Historical Jesus: Five Views* (London: SPCK, 2009).

Bond, H. K., *Jesus: A Guide for the Perplexed* (London: Bloomsbury, 2012).

Brooke, G. J., *The Birth of Jesus: Biblical and Theological Reflections* (Edinburgh: T. & T. Clark, 2000).

Corley, K. E., *Women and the Historical Jesus: Feminist Myths of Christian Origins* (Santa Rosa, CA: Polebridge, 2002).

Crossan, J.D., *Jesus: A Revolutionary Biography* (San Francisco: Harper SanFrancisco, 1994).

Ehrman, B. D., *The New Testament: A Historical Introduction to the Early Christian Writings*, 5th edn (Oxford: Oxford University Press, 2011).

Eve, E., *The Healer from Nazareth: Jesus' Miracles in Historical Context* (London: SPCK, 2009).

Farhadian, C. (ed.), *Introducing World Christianity* (Oxford: Wiley-Blackwell, 2012).

Fisk, B. N., *A Hitchhiker's Guide to Jesus: Reading the Gospels on the Ground* (Grand Rapids, MI: Baker, 2011).

Fredriksen, P., *Jesus of Nazareth: King of the Jews* (New York: Vintage, 1999).

Johnson, L. T., *The Real Jesus: The Misguided Quest for the Historical Jesus and the Truth of the Traditional Gospels* (San Francisco: HarperSanFrancisco, 1996).

Lincoln, A. T., *Born of a Virgin? Reconceiving Jesus in the Bible, Tradition and Theology* (London: SPCK, 2013).

Pelikan, J., *Jesus Through the Centuries: His Place in the History of Culture*, new edn (New Haven, CT: Yale University Press, 1999).

Sanders, E. P., *The Historical Figure of Jesus* (London: Penguin, 1996).

Tatum, W. B., *Jesus: A Brief History* (Oxford: Wiley-Blackwell, 2009).

Taylor, J. E. (ed.), *Jesus and Brian: Exploring the Historical Jesus and his Times via Monty Python's Life of Brian* (London: Bloomsbury, 2015).

Van Voorst, R.E., *Jesus Outside the New Testament: An Introduction to the Ancient Evidence* (Grand Rapids, MI: Eerdmans, 2000).

색인

색인

색인

책 반대편부터 펼치면 영어 원문을 읽을 수 있습니다.

책 반대편부터 펼치면 영어 원문을 읽을 수 있습니다.

Turn the book over to read the korean version.

Jesus

A very brief history

HELEN K. BOND

Jesus (Very Brief History)
English © Helen K. Bond, 2017
Originally published in 2017 in English by the Society for Promoting Christian Knowledge, London, England, UK.

This Korean-English bilingual edition is published
by arrangement with SPCK through rMaeng2, Seoul, Republic of Korea.

This Korean translation edition © 2020 by HY publisher, Seoul, Republic of Korea.

ISBN 979-11-970355-7-9

이 한영 합본판의 한국어 번역부분의 저작권은 알맹2 에이전시를 통하여
SPCK와 계약한 도서출판 학영에 있습니다.

‘To my family
— Keith, Katriona and Scotty —
with all my love’

Jesus

Contents

Chronology

164 BCE Antiochus Epiphanes sparks the Maccabean uprising by desecrating the Jerusalem Temple and banning Jewish practices

63 Visit of Roman general Pompey, payment of tribute to Rome

37–4 Reign of Herod I (also known as Herod the Great)

c.4 BCE Birth of Jesus

4 BCE–39 CE Herod Antipas rules over Galilee and Perea

6 CE Creation of the Roman province of Judaea

19–37 Joseph Caiaphas serves as Jewish High Priest

26–37 Pontius Pilate prefect of Judaea

c.30 Crucifixion of Jesus

c.34/5 Paul of Tarsus joins new movement

50s Paul takes the Christian message throughout the Eastern Mediterranean and writes letters to several churches

66–70 Jewish war with Rome

Chronology

70 Fall of Jerusalem Temple

c.70 Mark's Gospel written

c.80–100 Gospels of Matthew, Luke and John written

313 Edict of Milan

325 Council of Nicaea

326–8 Empress Helena visits Holy Land

431 Council of Chalcedon

525 BC/AD dating system worked out by Dennis the Small

Early seventh century Origins of Islam

Fifteenth-eighteenth centuries 'Age of Discovery' and Christian mission

1517 Martin Luther writes his *Ninety-five Theses* and inaugurates the Protestant Reformation

1634 First performance of the Oberammergau passion play

Introduction

Around the year 30 CE, in an insignificant eastern province of the Roman Empire, a Jewish prophet met with a brutal and shameful end on a Roman cross. Up in Galilee, Jesus of Nazareth had caused a stir with his revolutionary preaching and his exceptional abilities as a healer and exorcist. He'd gathered crowds of followers and brought his message to the city of Jerusalem, just as it was packed to bursting with pilgrims at the busy Passover season. And the Roman governor, fearing a riot, had ordered his arrest and execution.

In the normal course of things, that would have been the end of the affair. Jesus was not the first would-be Jewish messiah, nor would he be the last. What distinguished him from all the others, however, were the claims of his disciples that God had raised him from the dead, that he was now seated with the Almighty in heaven, and that his death and resurrection had opened up a new way for all people to relate to the God of Israel. These were claims that would only intensify over time, eventually leading his followers to break away from their Jewish roots and, with the addition now of non-Jewish converts, to form what would eventually become the world's largest religion, Christianity.

This short book provides a sketch of what we know about Jesus and his legacy. The first half will look at the historical man, the Galilean Jew who lived in a homeland dominated by Rome. [10] We'll look at Jesus' Jewish heritage, his miracles and message, friends and enemies, and eventual execution.

In the second half of the book we'll look at Jesus' legacy, starting with the differing accounts of his life in the New Testament texts. We'll look too at portrayals of Jesus that weren't included in the Bible, both those deemed perfectly orthodox and those that weren't. We'll see how the conversion of Constantine advanced the Christian message, and consider the transformation of a Jewish prophet into a Gentile God and the subsequent spread of Jesus devotion throughout the Middle Ages, expressed through relics, art and the mystery plays. We'll look at Jesus in the religions of the world - not just the Christian faith but also his exalted place in Islam and ambiguous role within Judaism. Finally we'll look at Jesus in the modern secular West, at his depiction in film and novels, and at the phenomenon of 'cultural Christianity'.

First, though, we need to ask the most basic questions of all. Did Jesus really exist? And if so, where should we find the most reliable sources to reconstruct his life? [11]

Part 1

JESUS OF NAZARETH

1

Did Jesus exist?

In 1909 a German thinker, Arthur Drews (pronounced 'Drefs'), caused a stir with his highly controversial claim that Jesus had never lived. In *The Christ Myth*, Drews argued that what mattered to Christians was not the 'Jesus of history' but the individual's personal encounter in the present with the risen Jesus. The historical Jesus, he claimed, was nothing but a myth, developed first by Paul and later expanded by the Evangelists. Although Drews' views never commanded much scholarly support, they proved remarkably persistent. Similar ideas were put forward in the 1970s by G. A. Wells (though he modified his views later), and 'mythicist' theories still abound today on the internet. Indeed, in a recent poll, 25 per cent of 18-34-year-olds in the UK thought that Jesus was a mythical or fictional character.

In fact ancient evidence for Jesus is remarkably early and widespread. It is true that no member of the Roman elite mentions him before the early second century, but this is not particularly surprising. Romans were generally distrustful of 'new' religions; they took note of Jesus and the movement that followed him only when it threatened to disrupt society, and would hardly have lowered themselves to probe too carefully into its origins. [13] Our earliest Roman reference to Jesus comes from the historian Tacitus. In a famous passage in which he describes Nero's brutal persecution of Christians following the fire of Rome in the mid 60s CE, Tacitus gives an all too brief account of Christian origins. Victims, he explains, took their name from *Christus* [i.e. Christ], 'who had undergone the death penalty in the reign of Tiberius, by sentence of the procurator Pontius Pilate'.[1]

Jewish evidence for Jesus is earlier, though not entirely straightforward. The Jewish historian Josephus mentions Jesus in his account of Jewish history, written at the very end of the first century:

> About this time there lived Jesus, a wise man, *if indeed one ought to call him a man*. For he was one who wrought surprising feats and was a teacher of such people as accept the truth gladly. He won over many Jews and many of the Greeks. *He was the Messiah*. When Pilate, upon hearing him accused by men of the highest standing amongst us, had condemned him to be crucified, those who had in the first place come to love him did not give up their affection for him. *On the third day he appeared to them restored to life, for the prophets of God had prophesied these and countless other marvellous things about him*. And the tribe of the Christians, so called after him, has still to this day not disappeared.[2] [14]

Josephus was a Pharisaic Jew, and there is no evidence elsewhere in his writings that he had any sympathy whatsoever for the Christian movement. It seems incredible, then, that he could have written any of the phrases in italics in the above quotation. To add to the difficulty, the third-century church father Origen, who knew Josephus' works well, categorically notes that he was not a Christian - a view he could not easily have taken had he known this passage. While an earlier generation of scholars assumed that the entire paragraph was a later Christian addition, it is more common nowadays to think that it has been altered by a Christian scribe, who perhaps added the italicized sentences. Once these are removed, there is nothing that might not have been written by a first-century Jew. The original might have been something like this:

> About this time there lived Jesus, a wise man. For he was one who wrought surprising feats and was a teacher of such people as accept the truth gladly. He won over many Jews and many of the Greeks. When Pilate, upon hearing him accused by men of the highest standing amongst us, had condemned him to be crucified, those who had in the first place come to love him did not give up their affection for him. And the tribe of the Christians, so called after him, has still to this day not disappeared.

Of course, a Christian editor may also have omitted certain unfavourable parts of the paragraph. The fact that it is found within a series of 'tumults' that took place during Pilate's term of office actually suggests that the original version included something else, perhaps an account of Jesus' disturbance in the Temple (see pp. 40-42). [15] Josephus makes certain mistakes - for instance, there is no evidence Jesus preached to Greeks - and the reference to early Christians as a 'tribe' is a peculiar one. Nevertheless, this is an extremely valuable early reference to Jesus, particularly as it comes from a Jerusalem Jew who was born only a few years after Jesus' death, who would have had access to broadly reliable information through older family members, and who might perhaps represent Jewish views of Christians at the time he wrote in late first-century Rome.

The rest of our evidence comes from Christian sources. Our earliest links with Jesus are the letters of St Paul. The great apostle founded churches throughout the eastern Mediterranean and kept in touch with his congregations by letter, many of which are still preserved in the New Testament. All date to the 50s CE; that is, around 20 years after the death of Jesus. Although a native of Tarsus (in modern Turkey), Paul had spent time in Jerusalem and was in the city in the 30s. He knew many of Jesus' closest followers, such as Peter and other disciples, and Jesus' brother James, who took over as leader of the Jerusalem church after a vision of the risen Jesus. Clearly Paul was in an excellent position to hear reliable information about Jesus of Nazareth, and the date of his letters makes them first-rate testimony. We might wish that the great apostle had said more about the historical man. For him, the crucial aspect of Jesus' life was his death and resurrection; [16] it is this that changes everything for Paul, and most of his letters are attempts to work out the meaning of this event, particularly for non-Jewish converts. Still, he records a number of other things about Jesus' ministry: he notes his teaching on divorce (1 Corinthians 7.10-11) and on financial support for missionaries (1 Corinthians 9.14), and his views on the end of the world (1 Thessalonians 4.15-17); and Paul provides our oldest account of the Last Supper (1 Corinthians 11.23-25).

Paul's testimony is broadly corroborated by the four New Testament Gospels, which date from around 70-100 CE. As we shall see in Part 2, the Gospels reflect the post-Easter Christian faith of the Evangelists, but this need not stop us using them as historical sources. All writing reflects the viewpoint of the author, and there never was a time when we could have had access to unbiased accounts. Even during the lifetime of Jesus, some believed in Jesus, holding him to be a prophet, a messiah and perhaps something more, while others regarded him as a charlatan or a false prophet. Ideally the historian would have access to all of these views and would strive to build up a picture that might account for them all. The fact that only biographies written by followers survive might make the task of sifting through the information and assessing its historical plausibility more difficult, but it is not impossible.

Of greatest importance to the historian is the Gospel of Mark. Scholars consider this to be the earliest Gospel – it was probably written just after 70 CE – and it seems to have been used as a major source by Matthew and Luke, both of whom adapted and edited it to reflect their own interests. [17] At times we'll also need to take note of another, hypothetical document known as 'Q', from the German *Quelle*, 'source'. Although scholars are far from agreement on this matter, the dominant view is that Q represents a second source used by both Matthew and Luke. This hypothetical document can be reconstructed by isolating material shared by Matthew and Luke but not found in Mark; and it's thought to be a *written* document because the sayings found in this way are broadly in the same order. The resulting material amounts to around 70 short paragraphs, mainly consisting of sayings of Jesus. The date of Q is uncertain: scholars have put it anywhere from the 50s to the 70s, but all we know for sure is that it predates Matthew and Luke. At all events, it is a second very early witness to Jesus, and gives a good indication of the kind of things Jesus taught.

Most historical Jesus scholars are a little wary of John's Gospel. Although all the Gospels have a clear theological agenda, it seems especially pronounced in the case of John. Jesus is presented here as God incarnate, engaging in long discourses and openly discussing his status and mission with his opponents. There may of course be snippets of good historical tradition here and there, though knowing how to pinpoint them is problematic. Some scholars have given attention to texts from outside the New Testament, especially the *Gospel of Thomas* and the *Gospel of Peter*. In their present form, however, both are second-century texts and there is no solid evidence that they contain any significantly earlier material. [18] We shall look at these gospels in more detail in Part 2.

Given that Jesus was a peasant from an insignificant part of the Empire, we actually have surprisingly good evidence not only for his existence but for the course of his life and even the contents of his teaching. All of our sources need to be used with care, but there can be no doubt that he existed and that we can say something about him. In very general terms, our best evidence for Jesus comes from Mark and Q, and these two documents will provide the basis for the following outline. Before we begin to sketch our historical portrait, however, we need to have some idea of the times in which Jesus lived. [19]

2

Political context and early life

Our story needs to begin more than two hundred years before Jesus, with the victorious campaigns of Alexander the Great in the third century BCE. Israel was incorporated into the largest empire the world had yet known, founded not only on military conquest but on the dream of a shared language (Alexander's own native Greek) and a shared culture (a blend of Greek ideas combined with Eastern philosophy, art and beliefs known as Hellenism). Jews, like other subject peoples, seem to have been relatively happy to adopt the new ways, as long as native practices and beliefs were not compromised; and Greek forms of architecture, philosophy, government and even language seem to have slowly made their way into Israel throughout this period. Jerusalem in particular was thoroughly Hellenized; paradoxically it was also the most Jewish city in the land.

When Alexander died leaving no heirs, his empire was divided between his generals. Israel came first under the rule of the Ptolemies, based in Egypt, and then of the Seleucids, based in Syria. Around 167 BCE, however, there was a dramatic change. The Seleucid ruler Antiochus IV Epiphanes, for reasons that are not entirely clear, decided to speed up the process of Hellenization in the land. [20] He set up a statue of Zeus in the Jerusalem Temple and outlawed the practice of the Jewish faith. Circumcision was banned, as too was abstaining from pork. Not surprisingly, violent protest soon broke out. In the Judaean town of Modein, a priestly family later known as the Maccabees (meaning 'hammer') took a stand against the king's men; they refused to sacrifice to pagan gods and fled to the hills. Taking advantage of Seleucid difficulties at home, the Maccabees gathered supporters, and first through guerrilla tactics and later on by means of a well-trained army, succeeded in establishing religious freedom and then national independence. The Maccabees set themselves up as national leaders, claiming the title of High Priest and later King. Known under their family name as the Hasmonaeans, they would rule for a century.

Despite their impressive political success, however, not everyone supported the Hasmonaeans. Although the family were priests, they did not belong to the Zadokite line, which had traditionally supplied the Jewish High Priests. The priestly group responsible for the Dead Sea Scrolls withdrew from Jerusalem into the wilderness at this period in protest at the Hasmonaean usurpation of the high priesthood. Others objected to their combination of the highest priesthood with kingship, arguing that the two roles were incompatible. But political independence guaranteed religious freedom, and most people were only too happy to exchange the hated Seleucids for native rulers. [21]

By the mid first century BCE, however, dynastic squabbling eventually led to the end of the Hasmonaeans, and a new superpower was only too eager to assert itself in the region. In 63 BCE, the Roman general Pompey marched into Jerusalem and demanded tribute, and by 40 BCE, the Romans had installed their own man, Herod I (or Herod the Great), as King of the Jews. In many respects, Herod's was a successful reign: he presented himself as a major player on the world stage, offering gifts and benefactions throughout the eastern Mediterranean; at home he embarked on a series of impressive building projects, including a new harbour at Caesarea on Sea and a grand refurbishment of the Jerusalem Temple. Throughout his long reign he kept order in the land and gave Rome no cause to send in troops. But all of this came at a cost: Herod's home life was a disaster, not helped by his constant paranoia, and his subjects found his rule oppressive and tyrannical. When the old king died in 4 BCE, the land broke out in rebellion.

Herod had been given the unusual right to name his own successor, and the Roman Emperor Augustus upheld the king's final will, which had divided the land among three of his sons. Half of his territory, amounting to the regions of Judaea and Samaria, fell to Archelaus; the north-eastern territories went to Philip; the remainder, comprising Galilee and Perea, to yet another son, Herod Antipas. Within a decade, however, Augustus was forced to reconsider. Archelaus had proved to be a cruel ruler, and the emperor deposed him, bringing his territory under direct Roman rule. [22] In 6 CE, Quirinius, the Legate of Syria, took a census to determine levels of taxation, and a Roman governor was sent out from Rome to administer the new province of Judaea. The governor - or 'prefect', to use his proper title - set up his provincial capital in the largely Gentile city of Caesarea on Sea, to the north west of the new province. His main concerns were the collection of taxes and the maintenance of law and order, for which he had a body of auxiliary troops. He was aided, however, by only a very small body of staff, and most of the day-to-day running of the province was devolved to the Jewish aristocracy in Jerusalem, with the High Priest at their head.

Growing up in Galilee, Jesus came under the jurisdiction of Antipas, whose long reign until 39 CE lent a certain stability to the region. Like his father before him, Antipas aspired to be a great builder, though his projects were far less grand in their ambition: he rebuilt the city of Sepphoris, which had been destroyed in the revolt after Herod's death, and founded a new administrative centre on the shores of the Sea of Galilee, naming it Tiberias in honour of the Emperor Tiberius. Antipas seems to have been a competent ruler; under him Galilee was reasonably stable, prosperous and peaceful. Most of his subjects worked the land: agricultural produce thrived in the mild climate and fertile soils, and most people reared livestock. Some were engaged in small industries, working in olive oil and wine production, the manufacture of pottery, the dyeing of wool, or in leather. The area around the Sea of Galilee was well known for fishing and its associated industries, including dried-fish production and boat building. [23] Galileans themselves were largely rural folk, who spoke their native Aramaic with distinctive accents (Matthew 26.73) and may well have been more conservative in their outlook than their Judaean neighbours to the south.

Dreams, prophets and messiahs

Despite the relative calm, however, people harboured hopes of religious and national restoration. Ten of the twelve tribes of Israel had been wiped out in the Assyrian invasion in the eighth century BCE, and many dreamt of a future age of peace and prosperity when the twelve tribes of Israel would once again be restored and the land would be united under a messiah who ruled in God's name. Exactly what this messiah would be like was far from clear. Many envisaged a kingly figure, a second King David, who would rule over his people. Others imagined a priestly figure and still others pictured a future age without any messiah at all. There was clearly a deep-seated longing, a desire to return to the 'good old days', but for most people the hopes were vague and ill-defined.

Every now and then these hopes became more concrete. In 37 CE, a messiah appeared among the Samaritans, gathering a large crowd and promising to lead them up the sacred mountain of Gerizim, where he would show them certain holy vessels hidden there by Moses. The 40s saw two more prophetic leaders, this time in Judaea. A certain Theudas prepared to lead people to the River Jordan where - like Joshua of old - he would command the water to part and lead the people across. [24] And a man known only as 'the Egyptian' persuaded a crowd of 30,000 people to follow him to the Mount of Olives, from where he planned to break into Jerusalem, overthrow the Roman garrison and seize the city. None of these movements came to anything: in every case, the Roman governor sent in his troops and stopped things in their tracks.

One of these prophetic figures has a particular bearing on our story: John the Baptist. John appeared at the River Jordan some time in the late 20s CE, calling people to repent of their ways and prepare themselves for God's judgement. In many respects he was the archetypal apocalyptic preacher, living a simple, frugal life and preaching his message of God's imminent arrival. As a sign of their repentance, John baptized his followers in the River Jordan. Ritual washing was common among Jews at the time, but what was distinctive about John's baptism was that it seem to have been intended as a one-off event, a symbolic outer cleansing of hearts and minds now ready to face the judgement of God. John was clearly extremely popular in his day, and the Jewish historian Josephus writes about him at some length, and with a certain amount of approval. The Gospels, too, suggest that large crowds went out to him in the desert, and that many presented themselves for baptism. Like the other prophetic figures mentioned above, however, John was executed, this time by Antipas, in whose territory he was active.

But before he was imprisoned, one particular baptism was to prove especially significant. [25]

Jesus' early life

We know virtually nothing of the first 30 years or so of Jesus' life. We shall see in the second part of this book that the stories associated with his birth are later, theological reflections. Tradition gives his father's name as Joseph, and the fact that he is not mentioned at all throughout Jesus' ministry has led to the reasonable assumption that he died relatively early. In Mark's Gospel, Jesus is known simply as the 'son of Mary', and he appears to have had four brothers and a number of sisters (Mark 6.3). The family home was in Nazareth, a rural village of around 400 people. Jesus' family had a trade: the Greek word used to describe them is *tektōn*, which means someone who works in wood or stone, broadly a carpenter or builder. Although not far up the social ladder, such a trade would allow the family to be economically self-sufficient.

Jesus seems to have grown up in a pious Jewish household. He would have been circumcised on the eighth day after birth, would have celebrated his bar-mitzvah at twelve and a half years old and attended synagogue on the Sabbath. Formal schooling was unknown in Galilean villages, and in a world where literacy levels were extremely low, it is unlikely Jesus had anything more than a basic ability in writing and arithmetic, perhaps only as much as he needed to practise his trade. But like other Jews, he would have acquired a deep knowledge of the Scriptures through their weekly recitation in the synagogue. [26] The Gospels give the impression that he was a deeply spiritual man, someone who had reflected deeply on the traditions of his people and was ready to respond to

God's call.

Not surprisingly, then, Jesus was attracted to the teachings of John the Baptist and offered himself for baptism; the slight unease the Gospels display at this event indirectly confirms its basis in fact (see especially Matthew 3.14-15). Something significant seems to have happened to Jesus at his baptism. The Gospels describe some sort of visionary experience: the heavens are torn apart; the Spirit descends as a dove; the voice of God declares Jesus to be his son. Whatever we make of the details, the scene suggests that Jesus had a powerful sense of being chosen by God, of being set aside for a specific task. Perhaps this was the first time that he understood himself to be God's envoy, a man with a mission of his own. Certainly his subsequent withdrawal into the wilderness, where he experienced a sense of testing by Satan, seems to confirm this interpretation. Only a few years later, the apostle Paul similarly took himself away to the desert after his experience on the Damascus road, to ponder what his new life might entail (Galatians 1.17). When Jesus emerged, it was with both a clear message and a sense of purpose. [27]

3

Message and miracle

Central to Jesus' teaching was the imminent arrival of the kingdom of God. By this he meant *the direct rule of God over his people*, such that injustice and exploitation would disappear in the face of justice, mercy and peace. The Jewish Scriptures often imagine God as a king who chose Israel to be his special people, and the prophets frequently criticized the monarchy of their own day, looking forward to a time when God would once again establish his reign. Like the prophet Isaiah, Jesus saw a kingdom where the blind would see, the deaf hear, the lame leap, the dumb sing and all creation become fertile (Isaiah 35 - a passage that may well have provided a blueprint for Jesus' own vision).

But when would this kingdom be established? There is much in Jesus' teaching to suggest that, like John before him, Jesus imagined that God would appear in the near future, heralding a time of cosmic judgement and world transformation. Several of Jesus' parables urge his followers to keep watch for the hour of judgement, and certain sayings clearly expect the future arrival of God's reign (see especially Mark 9.1; 10.23; 13.30). And yet at the same time some of Jesus' sayings suggest that the kingdom is already present within the community of believers. Parables such as the mustard seed (Mark 4.30-32) give the impression that the kingdom is here already, unnoticed and growing quietly. [28] Perhaps both strands need to be held in tension. On the one hand, Jesus sees the kingdom so clearly that there is a sense in which it is already coming into being through his words and actions - particularly the miracles, which we shall look at in a moment. On the other hand, there will still be a final, future consummation of God's reign.

In order to prepare for the kingdom, Jesus asked his followers to repent of their ways. What he demanded, in effect, was that people radically reorientate their lives towards God, a reorientation that would result in ethical behaviour. Much of Jesus' ethical teaching is found in Matthew's Sermon on the Mount (Matthew 5-7; a similar collection is found in Luke 6). This material is generally thought to derive from the 'Q' source (see pp. 15-16), and even if we cannot be sure Jesus spoke these exact words, it is likely that they represent the kind of things he was remembered to have said. Many of his most quoted and loved sayings belong to this material: the command to love one's enemies and pray for persecutors (Matthew 5.44//Luke 6.28, 35); to give alms and fast in secret (Matthew 6.4, 17-18); not to serve God and Mammon (Matthew 6.24//Luke 16.13); not to judge others (Matthew 7.1-2//Luke 6.37-38). We might call this an *interim ethic*, showing people how to prepare themselves and live in readiness for the final consummation of all things. Jesus' teaching is neatly summed up by the Lord's Prayer, which combines both future hopes and present ethical expectations: [29]

> Our Father in heaven,
> hallowed be your name.
> Your kingdom come,
> your will be done,
> on earth as it is in heaven.
> Give us this day our daily bread,
> and forgive us our debts,

as we also have forgiven our debtors.
And lead us not into temptation, but deliver us from evil.
(Matthew 6.9-13; compare the shorter version in Luke 11.2-4)

Jesus was clearly a gifted teacher, a charismatic personality and a good communicator. He expressed himself through witty sayings, proverbs and parables, all drawn from the realities of peasant life in first-century Galilee. And undergirding it all was a strong personal sense that the God who would reign as king could also be experienced in the most intimate way, as father.

Miracles

Closely associated with Jesus' message were his extraordinary powers. According to the Gospels, he had amazing abilities both to heal the sick and drive out unclean spirits from those who flocked to him. It is worth remembering that ordinary people in the ancient world had very little access to medical help. What doctors there were largely worked among the city elite, charging for their services; [30] peasant folk in rural Galilee would have had little chance ever to meet such men. Some people were skilled in herbal remedies, such as the Essenes, who wrote the Dead Sea Scrolls, and midwives might offer some degree of help to birthing mothers. Most of the time, however, illness went untreated. We can easily imagine the excitement created by someone reputed to be skilled in the arts of healing, and it is no surprise to find Jesus surrounded by expectant crowds - some wanting healing themselves, others gathering no doubt to witness a great spectacle. It was probably Jesus' extraordinary abilities rather than his preaching that first rallied the crowds.

To many modern people, these miraculous events are the hardest part of the Gospel tradition to accept. We live in a scientific world where we expect to be able to explain most things - particularly in the medical sphere. In many respects, however, it is not the historian's task to ask whether these events actually happened; we have no way of knowing whether what we understand as the usual rules of nature were temporarily suspended. All the historian can do is note that people around Jesus seem to have thought he had amazing abilities. Nor was Jesus unique in the ancient world in this respect. Acts of healing were often credited to certain gods - specifically Asclepius, the god of healing, whose temples are littered with notes of thanks from cured supplicants. [31] Two Jewish holy men, Honi the Circle-Drawer and Hanina ben Dosa, who lived around the same time as Jesus, were both credited with spectacular feats: Honi provided rain at a time of drought; Hanina is said to have been able to heal sickness, stop a deluge and even miraculously lengthen pieces of wood. Emperors and great men were also popularly held to have miraculous powers: the first-century Jewish writer Philo of Alexandria credits the Emperor Augustus with stilling the seas and healing disease.[3]

The Jewish historian Josephus credits Jesus with 'surprising feats'. We saw in Chapter 1 that this particular paragraph is suspect, but the sentence in which this phrase occurs is generally taken to be genuine. As such it provides non-Christian evidence to suggest that Jesus was popularly regarded as a doer of miraculous works. It is interesting that opponents of Jesus counter his miracles not by claiming that they have not happened but by accusing him of being in league with satanic powers. In Mark 3.22, for example, the scribes from Jerusalem accuse Jesus of casting out demons by the power of Beelzebul, the prince of demons. The point at issue is not whether miraculous healings and exorcisms happened, but by whose power. A couple of centuries later, this charge would surface again in rabbinic literature, where Jesus was accused of being a sorcerer; that is, of conjuring up evil powers in his service. Followers claimed that Jesus acted through the power of God, opponents that he acted through satanic forces. [32]

The significance of Jesus' miracles is that they show the kingdom of God breaking into people's lives, giving a glimpse of a future world in which the lame can truly walk, the blind see, the deaf hear and evil spirits are cast out. There is a sense of restoring the afflicted, bringing them back to wholeness and reintegrating the outcast into society. This is particularly evident in the case of lepers, who would have been excluded from everyday life and shunned by everyone they met. By curing a leper, Jesus did more than heal him from a life-threatening disease; he reintegrated him into the community, an act that underlined the inclusivity of the kingdom. Thus message and miracle were closely linked to Jesus' vision of the future reign of God.

Political implications

So far we have explored the religious dimension of Jesus' message. But in the first century, religion and politics were integrally intertwined. Jesus' proclamation of the coming kingdom also included highly subversive political overtones that would not have been lost on his contemporaries. Talk of a kingdom, even God's kingdom, had clear nationalistic dimensions. Even if Jesus was not calling his followers to arms, his message had clear political implications. [33]

When the Jewish Scriptures talk of God's future reign, they often imagine the gathering together of the scattered people of Israel. That Jesus also expected the restitution of the twelve tribes is shown by his decision to surround himself with twelve male disciples. Strangely, perhaps, the lists in the Gospels of who made up the twelve are not in exact agreement (compare Mark 3:16-19 with Matthew 10.2-4 and Luke 6.14-16). This suggests that the *symbolic value* of 'the twelve' was more significant than the precise identity of every member. A passage found in both Matthew and Luke, and generally held to be part of their common source, 'Q', makes the identification of the disciples with the twelve tribes clear:

> Jesus said to them [the disciples], 'Truly, I say to you, in the new world, when the Son of man will sit on his glorious throne, you who have followed me will also sit on twelve thrones, judging the twelve tribes of Israel.'
>
> (Matthew 19.28; see also Luke 22.30)

Jesus' message was clear: Israel would be whole again, as in the great days of David and Solomon; Rome and all earthly governments would be swept away; God would establish his reign for ever. This potent cluster of ideas tapped into some of the most strongly held hopes of his Jewish contemporaries, but it was dangerously subversive to those in power. [34]

4

Friends, enemies — and a wife?

In the earliest phase of his ministry, Jesus based himself in Capernaum, a thriving fishing village on the north-west shore of the Sea of Galilee. Yet right from the start he travelled around the local towns and settlements, taking his message out to as wide an audience as possible. Rather than wait for people to find him, he sought out new audiences, confronting them with his urgent message of the approaching kingdom. Everywhere he went, large crowds gathered, some because they hoped to be healed, some for religious or political reasons and others no doubt simply to be part of something new and exciting. Opinions regarding Jesus varied: some held him to be a prophet, perhaps like John the Baptist or one of the Israelite prophets of old; others began to question whether he might be something more, perhaps even the longed-for Messiah.

Things, however, seem to have been less good at home. We shall see later that Matthew and Luke both suggest that Jesus' family knew from his conception that he was God's chosen one, destined for a special role. But Mark's Gospel knows nothing of this. In fact his brief references to Jesus' family suggest that Jesus' mission was a cause of tension. [36] In Mark 3.20-21, Jesus' family come to take him home because people were saying he was crazy. Ignoring them, Jesus told the assembled crowd that his true mother and siblings were not his biological family but those who believed his words. Later on, when he returned to his home town of Nazareth, there is no suggestion either that Jesus went back to his family home or even that they stood up for him in the face of local opposition. And while John places Jesus' mother at the cross, there is no record of her presence in Mark or Luke or Matthew, who base their accounts on Mark. There is not much to go on here, but there is enough to suppose that the common assumption that Jesus' family supported his mission is misplaced. In many respects, tension might be easily explained: if Jesus were the eldest, and if his father had died, he would be expected to take his place at the head of the family, running the family business, arranging his sisters' weddings and providing for his mother and younger siblings. It might well have appeared to his family that he was ignoring his responsibilities.

Who, then, did Jesus regard as his extended family? We have seen already that he chose twelve men as his closest followers, and that they had a special symbolic place in his movement. It is clear, however, that these were not Jesus' only disciples, nor were they the only ones to journey around Galilee with him. [37] Mark mentions Galilean women who travelled with Jesus (15.40-41), and Luke names them as Mary Magdalene, Joanna the wife of Herod's steward Chuza - perhaps therefore a woman of some importance - and an otherwise unknown Susanna. Clearly the presence of women did not raise any eyebrows; at any rate no criticism is recorded in the Gospels. Perhaps the group was large enough not to occasion comment, and in any case similar mixed groups would have frequently travelled to Jerusalem on pilgrimage - in Luke 2 we get a sense of a large pilgrimage company in the story of the twelve-year-old Jesus left behind in Jerusalem. Luke suggests that the women offered financial aid to the movement, perhaps stepping in when hospitality was unavailable, buying provisions and overseeing some of the practicalities of life on the road. Of course, none of this would preclude a personal commitment to Jesus and his message, nor should we suppose that the women were any less 'disciples' than their male counterparts. Millenarian movements that looked forward to the transformation of society were often egalitarian, and Jesus seems to have been as welcoming of women as he was of men. But did one of these women have a particularly close relationship to him?

Was Jesus married?

In popular culture it is frequently claimed that Jesus was married to Mary Magdalene. There are two stages to this argument. The first is to claim that marriage and procreation were sacred duties for first-century Jews, and that Jesus would have been highly unusual if he were not married. [38] The second is to point to certain later, gnostic texts in which Mary features prominently. This prominence, it is argued, is a later memory of a much closer relation between them.

Neither of these arguments holds any weight. First, it might well be that most Jews saw marriage as a sacred obligation, but this hardly means that every male Jew was married. A man with a particular interest in religious matters could easily have chosen to remain single and to devote himself to the service of his God. Those who took themselves into the desert at Qumran relinquished married life; there is no evidence that John the Baptist was married; and the apostle Paul specifically says that he was unmarried (1 Corinthians 7.8). Singleness, though unusual, was not unheard of, and might even be expected in one who thought that the world as he knew it was about to be swept away with the arrival of God.

Second, it is worth noting how seldom Mary Magdalene is

mentioned in the Gospels. Mark mentions her only at the end of his narrative, noting that she was among a group of women who had followed Jesus from Galilee. These women play an important role in the Gospel as the link between the crucifixion, the burial and the empty tomb on the Sunday morning, but otherwise Mark has no further interest in any of them. Luke adds a note that Jesus cast out seven demons from Mary (Luke 8.2), while John claims that she was the first to see the risen Jesus (John 20). The portrait that emerges is of someone who was healed by Jesus and responded by leaving her home and devoting her life to following him. [39] We have no idea how old she was - she could have been a young woman, as she is consistently portrayed in films, but she might just as easily have been an older widow, which might explain why she had independent means and the ability to go where she liked.

Mary becomes much more prominent in certain gnostic gospels, which date from the second century onwards (see pp. 61-63). In a number of these texts, Mary is said to have a particularly close relationship with Jesus: the *Gospel of Mary* claims that Jesus loved her more than any of his other followers, while the *Gospel of Philip* presents her as Jesus' 'companion', and she frequently arouses the jealousy of other disciples, especially Peter. The difficulty lies in knowing what to do with these highly esoteric texts, which show very little interest in the historical Jesus. It would certainly be a mistake to assume that they reflect a historical reminiscence that Mary was married to Jesus. In all likelihood they are theological developments drawn from John's account of her speaking with the risen Jesus, perhaps reflecting the - rather ambiguous - place of women within the contemporary gnostic churches.[4]

Before we leave Mary Magdalene, it is also worth pointing out that there is no evidence to suggest that she was a repentant prostitute. [40] This view, first promoted by Pope Gregory the Great in the sixth century, comes from combining a number of New Testament texts. Most important here is the story of Jesus' anointing by a woman shortly before his death. In John's Gospel it is Mary of Bethany who anoints him (12.1-8), while the other Gospels do not name her. Luke tells a similar story much earlier, while Jesus is still in Galilee, and the anointing is performed by a 'woman from the city', 'a sinner' (Luke 7.36-50). While this description is hardly explicit, it has traditionally been taken as evidence that Mary was a prostitute. Furthermore, the unknown woman taken in adultery (John 8.1-11) has also been grafted on to this composite portrait, to produce the characteristic image of Mary Magdalene. Her decision to follow Jesus after he expelled her 'demons' completes the traditional portrait of the repentant prostitute. Clearly this characterization of Mary has no historical basis - and it was never accepted by the Eastern Orthodox churches - but the stress on penitence within medieval theology meant that the image endured well into the modern period, enhanced by centuries of paintings, sculptures and, more recently, novels and films (see p. 80).

Pharisees

Jesus was a controversial figure, and while many flocked to him, others regarded him with suspicion and distrust. Most prominent here were the Pharisees, though we need to use our sources cautiously at this point. [41] All four Gospels were written in the late first century, at a time when Christ followers were engaged in heated debate with their Jewish neighbours in the synagogues. It is likely that the Gospels reflect the turbulent 'parting of the ways' between the two faiths, and that the Pharisees in particular, as representatives of Jewish opponents, are portrayed in a hostile manner, characterized as self-satisfied hypocrites who want to do away with Jesus (Mark 3.6).

In reality the Pharisees were well liked and respected by ordinary folk. They were a group of pious Jews who aimed to adhere as closely as possible to both the written law - as laid down in the Jewish Scriptures - and also their own oral traditions. Central to Pharisaism was the accurate interpretation of Scripture, and they engaged in often heated debates with both opponents and one another over matters of purity, Sabbath observance, food laws and the like. They were particularly interested in purity, and tended to separate themselves from other people, aiming to keep themselves in the same state of purity that was required of priests in the Temple. With a new preacher in town, it was inevitable that the Pharisees would seek him out and challenge his opinions.

In many respects Jesus had much in common with the Pharisees. It is important to note that there is never any question of Jesus *breaking* the Jewish law; all indications suggest that he was law-observant, even if some of his interpretations might have been a little unorthodox. The Pharisees would have agreed with him on the centrality of love and concern for one's neighbour; [42] few would have disputed that it is what comes out of a person that makes her pure or impure (Mark 7.15); and few would have objected to Jesus' healing on the Sabbath by word alone. What seems to have particularly riled the Pharisees was Jesus' determination to eat with outcasts, tax-collectors and sinners (Mark 2.15-17). Who a person ate with in the ancient world, as today, had important social and cultural implications. For Jesus, shared meals with repentant undesirables functioned as symbolic enactments of the 'messianic banquet', a great feast associated with the end times in the Jewish

Scriptures. Shared table-fellowship showed that forgiveness was available for all, even those considered 'sinners' by the more pious, and once again highlighted the inclusive nature of the kingdom. From the Pharisees' perspective, however, such meals only underscored Jesus' naivety: what was the point of living a righteous life if tax-collectors and sinners were to be the first in the kingdom of God? Why should anyone believe in their repentance? And could a man who promoted such undesirables really claim to speak for God?

Jesus was happy to engage in debate with the Pharisees, countering their criticisms with scriptural quotations and arguments of his own. But there was another threat in Galilee which Jesus seemed far less inclined to engage with: Herod Antipas. The Jewish ruler had of course killed John the Baptist around the start of Jesus' ministry, and the Gospels suggest that some of his courtiers were attracted to the new movement (Luke 8.2-3) and that Antipas had himself already started to take an interest in the new preacher (Mark 6.14-16). [43] A curious feature of the record in the Gospels is that there is never any suggestion that Jesus went to either of Galilee's two cities. This is particularly surprising given that Sepphoris is visible from Nazareth, only an hour's walk away, and Tiberias is located on the Sea of Galilee, close to Jesus' other haunts. Both cities were cen- tres of local government and bureaucracy in the region, and while still largely Jewish, would have afforded Jesus a wealthier, more cosmopolitan audience for his message. But the cities were also the heart of Antipas' power, and it may be that Jesus deliberately avoided them in an attempt not to attract his attention. Anyone who attracted large crowds and stirred up the hopes of the people with talk of another kingdom was unlikely to have survived long in Antipas' territory.

At some point in his ministry Jesus left Galilee and went to Jerusalem, 100 miles to the south. The great cosmopolitan city was the traditional capital of Israel, the site of God's Temple and was believed by Jews to be the holiest place on earth. Several prophetic visions in the Jewish Scriptures expected the city to play a prominent role in the end times (see Isaiah 60-62; Ezekiel 40-48), [44]so it is not surprising to find Jesus taking his message there. Perhaps he too expected that God could appear in judgement nowhere other than in Jerusalem. [44]

5

Jerusalem, betrayal and execution

We have no idea how many times Jesus went to the capital city, nor even how long his ministry lasted. Mark's chronology, which is followed by Matthew and Luke, gives the impression that the ministry lasted for no more than a year, with only one visit to Jerusalem. But Mark gives a highly stylized account, grouping all the Galilean material in the first half of the book and all the Jerusalem material in the second. This arrangement can tell us nothing about the actual chronology of Jesus' ministry. John's Gospel gives a different impression. There Jesus goes to Jerusalem to celebrate several Jewish feasts in the course of a ministry that lasts at least two and a half years. But again we need to be cautious. John wants to present Jesus as the replacement of Jewish feasts, and this is done most effectively by bringing him to the holy city at various festal settings, so that Jesus can be seen as the light of the world at Hanukkah - a feast celebrated through light - or the true paschal lamb at Passover. Again, overhasty reliance on John were best avoided. It seems, then, that we cannot be sure how long Jesus' ministry lasted, nor how many times he visited Jerusalem. [46] As a pious Jew, it might be expected that he would have made the pilgrimage to the holy city as often as he could, and it is quite possible that he and the disciples visited it on a number of occasions. What concerns us below, however, is his last, fatal visit.

The Gospels associate a number of key events with this last

Jerusalem visit: a symbolic entry into Jerusalem; an incident in the Temple (though John locates this earlier in the ministry); Jesus' betrayal by a close friend; a symbolic meal; Jesus' arrest, trial and execution. We need to look at each of these in turn, but first it is crucial to appreciate the significance of the Passover setting. The feast celebrated the exodus from Egypt and liberation from bondage and foreign oppression. It was one of the three great pilgrimage celebrations, and Jerusalem and the surrounding area would have been crowded to bursting. The festivities lasted around a week, but most people came a week earlier to purify themselves. It would have been a time of great national celebration, of families reuniting, and a carnival atmosphere prevailed. But it was also a time when political hopes and messianic dreams might be at their height and trouble was likely to break out. Indeed, Josephus notes that most riots took place at Passover, and it was for this reason that the Roman governor came to the city with a body of troops, to make sure he was on hand if trouble broke out. It was into this highly charged situation that Jesus arrived with his disciples.[47]

Entry into Jerusalem and an incident in the Temple

Jesus is said to have made his last journey into Jerusalem on the back of a donkey. To us this conjures up images of lowliness and humility, but this is to misinterpret the significance of the scene. In the ancient world, donkeys were the usual means of transport; It was on donkeys that the ancient judges of Israel toured the country, and on a donkey that Solomon rode to his coronation. The point of the story is that while all the other pilgrims made their way into the city on foot, Jesus rode in to the cheers of the crowds. This was clearly a statement: in effect what Jesus did was to enter the city in triumph, announcing himself as God's envoy.

The next day he entered the Temple and acted equally provocatively. According to the Gospels, he went into the outer court and overturned the tables of the money changers and pigeon sellers. Scholars have long debated the meaning of this incident. It clearly could not have been a huge event: the outer court of the Temple was immense - the size of twelve football pitches - and any demonstration by one man alone could only have been fairly small-scale. Besides, the Temple police do not seem to have arrested him on the spot, which they surely would have done if the demonstration had lasted more than a few minutes. It is probably best to see it as a prophetic act, rather like those performed by the Old Testament prophets. For example, Jeremiah wore a yoke around his neck to symbolize the impending Babylonian victory; Isaiah went naked and barefoot for three years as a sign against Egypt and Ethiopia; Ezekiel took on himself the punishment of Israel by lying on his side for 390 days. [48] Jesus' outburst, then, was designed to symbolize something - but what?

We can discount immediately any suggestion that Jesus set himself against the sacrificial system. Eventually, of course, once the Temple had fallen to the Romans, Christianity - and Judaism - dispensed with the Temple and sacrifice. But in the ancient world, to sacrifice was to worship. The offerings in the Temple were all demanded by God, and we should guard against interpreting the first century in the light of our own modern prejudices. Problematic too is the common assumption that Jesus was protesting against corruption among the high priestly aristocracy. It is often claimed that the Temple priests enjoyed a monopoly on the sale of sacrificial animals, and that they used weighted measures in their financial transactions. This is clearly possible, though there is no ancient evidence that the priestly aristocracy were generally seen as corrupt, nor does such a charge feature in Jesus' teaching elsewhere.

It is more likely, in the view of most scholars, that Jesus' demonstration signified *the destruction of the Temple*. This explanation has the advantage of fitting well into Jesus' overarching message. Elsewhere he envisages a time when the Temple will no longer stand (see Mark 13.2 in particular), and the overturning of the tables was a graphic symbol of the destruction to come. Like other apocalyptic prophets, Jesus seems to have imagined that God would come and destroy the earthly Temple, perhaps replacing it with a heavenly one. In any event, Jesus' actions were a direct challenge to people's complacency: God's arrival was imminent, and the Temple would be destroyed. [49]

Although small-scale, both the triumphal entry and the Temple incident would have alarmed the Jewish authorities. We have already seen that Rome left the general running of the city in the hands of the priestly aristocrats, with the Roman-appointed High Priest at the head. By the time of Jesus, the office was occupied by a man called Joseph Caiaphas. He had been appointed in 19 CE by Pilate's predecessor, Gratus, and was presumably from Rome's point of view a capable politician and a safe pair of hands - if not, he would have been quickly replaced. Rome expected these native authorities to be shrewd enough to keep the peace, to act as intermediaries between the interests of Rome and the native population, and to intervene only when riots broke out. Presumably Caiaphas and his entourage would have been watching Jesus for some time - reports would probably have reached them even while he was in Galilee, and they would have been prepared for his arrival. With Jesus in Jerusalem, however, the situation had become dangerous: he had a following, his teaching might incite the crowds to riot, and he had brought it all to the most holy place. As far as the chief priests were concerned, the smooth running of the Temple over the Passover was paramount. Jesus had already brought his message into the Temple, and who knew what he might do next. If his actions brought Roman troops into the Temple, it would mean the pollution and defilement of the sacred place, as well as bloodshed. All in all it was better to remove Jesus before he caused any more trouble. [50]

Jesus' betrayal

But how was Jesus to be removed? The Gospels suggest that the chief priests enlisted one of Jesus' followers, Judas Iscariot. The embarrassment of admitting that one of Jesus' closest friends betrayed him has convinced most scholars that this is a historically reliable detail. Why, though, did Judas do it? The Gospels give us very little information on this point. Matthew implies that Judas was motivated by greed, though 30 pieces of silver, the price of a slave, was a paltry sum and would not have kept Judas more than a month or so. Luke and John can only assume that Judas was possessed by Satan. Modern scholars have been even more creative in their explanations. Some suggest that he became disillusioned by Jesus, perhaps hoping that his ministry might have taken a more political course. Others have argued that Judas wanted to force Jesus' hand, engineering a meeting with the High Priest in the expectation that things would come to a head. Others still have suggested that Jesus himself was behind Judas' actions, that he put Judas up to it – though this perhaps smacks of later attempts to take away the stigma of Jesus' betrayal by a close friend. Of all the disciples, Judas is the only one who may not have been a Galilean: his name meant 'man from Kerioth', a settlement in Judaea. We might speculate that Judas felt estranged from the rest of the group, or that the Temple priests used their local networks to get to him in some way. [51] In the end, however, we cannot know what drove Judas to betray his master. What he betrayed was not so much the content of Jesus' teaching but Jesus' physical location, by suggesting a time when he could be apprehended with a minimum of fuss.

A symbolic last meal

Jesus spent his last evening with his friends in a borrowed room in Jerusalem. There is no reason to suppose that the group comprised only the twelve male disciples, as Leonardo da Vinci's famous late fifteenth-century mural implies. Presumably the gathering included the women who had travelled with Jesus from Galilee, as well as other close friends and supporters. In all probability Jesus realized that his death might well be imminent. Even if he had no inkling of Judas' treachery, he had seen the fate of John the Baptist and knew that his own behaviour since he came to Jerusalem had been provocative. Perhaps he took the opportunity to prepare his disciples for a future without him, when they themselves would carry on his work. Or perhaps, emboldened by the Passover commemoration of God's saving acts in the past, he hoped God would intervene in the nick of time, snatching him from death and establishing his kingdom.

Jesus' words at this gathering are some of the most famous he ever uttered, and have been repeated at the Christian Eucharist ever since. We actually have a number of different versions: one in Mark; an almost identical one in Matthew; [52] a rather different one in Luke that features two cups; one in a second-century

Christian manual known as the *Didache* with quite different words. All of these no doubt reflect the words used by their authors' own Christian groups. The oldest report, however, is preserved in one of Paul's letters, and dates to within 20 years of Jesus' death:

> the Lord Jesus on the night when he was betrayed took bread, and when he had given thanks, he broke it, and said, 'This is my body which is for you. Do this in remembrance of me.' In the same way also he took the cup, after supper, saying, 'This cup is the new covenant in my blood. Do this, as often as you drink it, in remembrance of me.'
>
> (1 Corinthians 11.23-25)

No doubt Jesus' words quickly achieved an important symbolic status as his followers reflected on their last gathering. The bread and the wine would become symbols of Jesus' broken body; Jesus' death was seen as a new covenant with God; the Last Supper itself was understood as a Christian ritual to be repeated regularly until Jesus' return in glory. How much - if any - of this goes back to the historical Jesus and how much to the reflection of the early Church is difficult to say. In any event it is unlikely that Jesus was surprised when the Temple police came to arrest him later that evening.

Jesus' arrest, trial and execution

The question of whether Jesus had a formal Jewish trial has been one of the most controversial in historical Jesus studies, particularly since the Second World War and the greater sensitivity in recent decades towards the anti-Jewish bias of several New Testament texts. [53] Our accounts of Jesus' last few hours differ quite considerably. Mark, followed by Matthew, records a formal night-time trial in front of a Jewish council, with witnesses, charges and a verdict. Luke presents a scaled-down version the following morning, which merely forms the preliminary to handing Jesus over to Rome. And John includes only a brief hearing in front of Annas, a former High Priest and the father-in-law of Caiaphas. Where they agree is the implicit claim that the prime movers against Jesus were the Jewish authorities, and that the Roman governor was reluctant to pass sentence - Luke even suggests that Pilate tried to release the prisoner three times.

Modern scholars are convinced that this tendentious portrait derives from the historical setting of the earliest Christians. As far as they were concerned, Jews had rejected the message of Jesus, and the new mission grounds would be found in the Roman world, particularly in the large cities around the Mediterranean. The main difficulty facing Christian missionaries, however, was the crucifixion. Romans might be attracted to the teachings of Jesus, but persuading them to put their faith in a teacher who had been sentenced to a shameful death by a Roman governor was no easy task. The strategy they alighted on was to stress the involvement of Jewish authorities in Jesus' death and minimize the role played by Rome. The rhetorical pay-off was clear: Roman converts need not worry that they were joining a subversive group, Jesus' execution was down to the machinations of jealous Jewish authorities and he himself was guiltless under Roman law. [54]

Reconstructing historical events from such explosive material is no easy task. Some would deny any Jewish involvement in Jesus' arrest, arguing that crucifixion was a Roman penalty and that someone of Jesus' lowly status could easily have been taken out and executed straight after the incident in the Temple. Others put forward a more moderate view, which acknowledges *some* involvement by the Jewish leaders but assigns to them a much less crucial role than in the Gospels. We have already seen that the High Priest and the Jerusalem aristocracy worked closely with Rome. Their imperial overlords expected them to uphold Roman interests and to smoothe over tensions; in the pursuit of peace, they probably had little choice but to comply. No doubt the priestly leaders watched Jesus with growing concern and conveyed their anxieties to the Roman prefect. But anyone the chief priests were worried about was undoubtedly a concern to Pilate too. It is hardly likely that the first time he heard of Jesus was when the chief priests had him arrested. Pilate would have had a network of spies and informers, including men of the highest rank, such as Antipas, who would have kept him appraised of Jesus' activities even before he arrived in Jerusalem. Presumably he would have needed very little persuading that Jesus was a threat to security and needed to be eliminated quickly.

It is worth emphasizing once again the shameful nature of crucifixion. [55] The punishment was considered too demeaning for Roman citizens and could be inflicted only on people of low status, robbers, bandits and slaves. Victims were naked (the loincloth in depictions of the crucifixion is a nod to Christian modesty), frequently abused by the Roman guards and held up as a spectacle for the contempt and derision of the gathered crowds. Crucifixion was designed as a deterrent, and a statement of the charge against the prisoner was usually attached to the cross. If Jesus' charge read 'King of the Jews', as the Gospels suggest, then it was probably intended to mock any messianic claims that Jesus - or his followers - might have entertained.

Mark suggests that Jesus died with a cry of abandonment: 'My God, my God, why have you forsaken me?' This is a quotation from Psalm 22, which colours the whole of Mark's account of the crucifixion. We cannot know for sure, but it is quite probable that one who lived his life according to the Scriptures should die with these words on his lips. Perhaps he drew strength, encouragement and even hope from words popularly believed to come from none other than King David in his darkest hour. Rather more romantically, Luke has Jesus die forgiving his enemies and committing his spirit to the Father (Luke 23.34, 46), and the Johannine Jesus dies in triumphal completion of his work (John 19.30).

Victims of crucifixion were not usually granted any kind of burial; the corpse would simply rot, becoming carrion for the birds and the dogs. Not to be buried was considered deeply shameful in the ancient world, a complete annihilation of one's whole identity. The Gospels, of course, insist that Jesus *was* buried, that a Jewish aristocrat by the name of Joseph of Arimathea intervened on his behalf and gave him a decent, if hurried, interment. But is this likely? [56] There is archaeological evidence that at least one crucified man was released to his family for burial. The remains of a 20-year-old man named Yehohanan were found in 1968 with the iron nail still through the ankle bone; presumably those who buried him were unable to remove it after they lifted him down from the cross. And it is easy to imagine a social context in which the Roman prefect might have allowed the body of a relatively harmless preacher to be buried rather than hang in disgrace throughout the Passover festival. But if Jesus was buried, it was likely a shameful interment in a pauper's grave rather than the respectable tomb envisaged by the Evangelists. And rather than a secret friend, Joseph of Arimathea was more likely the councillor charged with the unpleasant task of overseeing the disposal of the bodies of those deemed to be criminals by the state.

* * *

So ended the life of Jesus of Nazareth. It would be wrong to see Jesus as the 'first Christian' - like all of his earliest followers, he lived and died as a Jew. Nor is it at all likely that Jesus saw himself as establishing a new religion - he longed for the renewal of Israel and the establishment of the reign of God, not a new faith. Ordinarily he would have been forgotten, little more than a mention in the pages of contemporary chroniclers, but something totally unexpected took place. [57] Within days of his execution, Jesus' followers were gripped by a profound sense that he had been raised from the dead and exalted to the right hand of God. With this claim, the focus of the movement was no longer solely on his teaching but on his identity - as the one raised by God to glory. And gradually, Jesus would be depicted in ever more exalted terms as the movement that gathered in his name grew from a small group in a backwater province to become the world's largest religion. In Part 2 we shall consider Jesus' immense legacy, starting with the event that sparked it all: the belief that Jesus had been raised from the dead. [58]

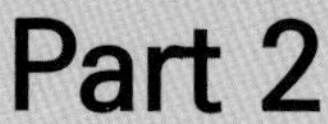

Part 2

JESUS' LEGACY

6

From Jewish prophet to Gentile God

According to the Gospels, it all started with an empty grave. When a group of women went back to the place where Jesus was buried a couple of days after the crucifixion, the body was no longer there. The apostle Paul, writing perhaps 20 years earlier, doesn't mention an empty tomb but instead records a number of resurrection appearances, including one to himself on the Damascus road (1 Corinthians 15.3-8). Whether the tomb was in fact empty is something the historian cannot answer definitively. It is also important to note that an empty tomb on its own would not normally lead anyone to suspect that the body had been raised from the dead. A host of more likely explanations would come to mind: that the women had gone to the wrong grave, that the body had been stolen, that someone had moved it, and so on. Nevertheless, it is clear from the ancient sources that soon after his death, Jesus' followers were filled with an overpowering sense that God had raised him from the dead. So intense was this conviction that it turned them from frightened disciples into bold missionaries willing to die for their faith.

The resurrection convinced Jesus' earliest followers that the end of the world had come. Although that sounds odd to us, it was a natural inference to draw. [61] Most Jews believed there would be a general resurrection at the end of time, when God would come in judgement. If Jesus had been raised from the dead, it could mean only one thing: that the end time had dawned and that others would soon be raised to glory too. This of course meshed well with Jesus' own message, in which he announced the impending arrival of God, and explains the urgency with which Christian missionaries set about preaching the message around the eastern Mediterranean.

From the very earliest times, Jesus' followers tried to explain his role in God's plan for the world and to make sense of his death and resurrection. As Jews, the obvious place to search for meaning was within their sacred Scriptures. This collection of ancient texts told the history of Israel but was also believed to declare God's will in the present. When approached in this way, many texts could be seen as pointing to Jesus, particularly certain psalms and passages from the prophets. Followers began to see Jesus as the fulfilment of biblical texts, to describe him in ever more exalted terms and to transform the humiliation of the cross into something filled with theological significance.

St Paul

The most significant figure in this early period was the apostle Paul. Trained as a Pharisee, Paul seems at first to have been violently opposed to the new faith, even going so far as to persecute believers. [62] An unexpected and dramatic vision of the risen Jesus on the road to Damascus, however, caused him to stop in his tracks and, after some reflection and soul-searching, to redirect the rest of his life to following Christ (for a fascinating first-hand account of this, see Galatians 1.11-24).

Paul was tireless in spreading the message to new regions, founding churches all over the eastern Mediterranean and keeping in touch with them by letter. The New Testament contains 13 letters by Paul, though modern scholars question the genuineness of some. The real importance of Paul for our story is that he provides such an early written record of Christian speculation about Jesus. He puts great theological weight on the cross and resurrection, seeing them as the basis of human salvation and the start of a new age (see 2 Corinthians 5.15-17 and Galatians 6.14-15). For the great apostle, the death of Jesus eclipses the whole of his early life and forms the basis of his followers' identity and outlook.

Paul takes it for granted that Jesus is the Messiah of Jewish expectation, though it is a radically transformed messiahship, which now incorporates the idea of suffering. He sees Jesus as the prototype of a new humanity, a second Adam. Just as the first Adam brought sin, death and universal condemnation into the world through his disobedience, so Jesus brought righteousness, life and acquittal to all people through his obedience to the Father's will. Paul talks of Jesus as God's son, but in certain passages blurs the distinction between the two (an example here is Philippians 2.9-11). In all of this he is probably simply reflecting views current within his contemporary Church. What is remarkable, however, is the degree of theological speculation that had built up around Jesus within no more than a decade or two of his death. For monotheistic Jews even to countenance such a close connection between Jesus and God is striking indeed. [63]

Where Paul was more of an innovator was in the matter of extending the mission to non-Jews (otherwise known as Gentiles). This difficulty had not presented itself during Jesus' ministry when all of the first converts had been Jews. But gradually it became more of an issue. Could non-Jews become followers of Christ? All were agreed that they could, but on what basis? Most were of the opinion that they first had to become Jews; that is, to be circumcised in the case of men, and to keep the Jewish law. This would have seemed like an eminently sensible solution to most people: it meant that all Christ-followers kept the law and that there were no problems with table-fellowship or other joint gatherings. Paul, however, was violently opposed to this way of reasoning. For him, what God had done through the resurrection of Jesus was to open up a completely new way for people to achieve salvation. All anyone had to do was to believe in what God had done. To ask people to do anything on top of this - in effect, to ask non-Jews to keep the Jewish law - was to downplay God's decisive actions through the cross and resurrection of Jesus. In the end, Paul's arguments were accepted, and Gentiles were welcomed into the new faith without being required to keep the law.

Many have credited Paul with being the real founder of Christianity, arguing that it was he who turned a Jewish sect into a universal religion. This is probably going too far, but he was certainly one of the Church's greatest thinkers, and he can be credited with putting the law-free mission to the Gentiles on a firm theoretical basis. [64] If new converts had been required to keep the Jewish law, that would undoubtedly have dampened the appeal of the new faith within the late first-century Roman world. Luke tells us that already by the 50s CE, a large community of Christ-followers had gathered in the Syrian city of Antioch and that it was here they were first known as 'Christians'. From now on Christianity had the means to spread throughout the Roman Empire.

The first Gospels

If Paul gave a theological underpinning to the expanding Church, it was the Gospels that provided the first biographies of its founding figure, starting with Mark in the early 70s CE. By this time, many of the first generation of Christians had died and there was perhaps a desire to preserve their stories. Political and social factors, however, were just as important. The Jerusalem Temple had been destroyed by the Romans in 70 CE, sending shockwaves through Jewish and Christian communities alike. And the frequent mention of persecution in Mark's Gospel may support the tradition that it was written in Rome in the aftermath of the vicious persecution of Christians by Nero only a few years before. In this turbulent atmosphere, there may well have been a need for a story of origins that brought contemporary believers face to face with the figure central to their faith.

In keeping with other ancient biographers, Mark presents Jesus' way of life to his readers and offers it as a model to follow. [65] The focus is still very much on Jesus' Passion (meaning his suffering), almost a third of the book being devoted to his final ministry in Jerusalem and his death on the cross. Yet the earlier life of Jesus plays a much greater role here than it did in Paul. Of particular importance to Mark is the question of Jesus' identity: it is clear that he is the Messiah, and yet this has to be hidden from characters in the narrative, such that a blanket of secrecy envelops the Markan Jesus. It is only in the Passion narrative that the secrecy can be lifted and the reader understands what most characters in the story do not: that Jesus is a messiah who suffers and dies.

Mark takes up the story at Jesus' baptism, where God's heavenly voice formally acknowledges him to be his adopted Son. The Evangelist arranges his material so that the first half of the work describes Jesus' Galilean ministry, including miracles, parables and conflict with religious authorities. Jesus has power and authority even over nature: he stills storms, walks on water and possesses supernatural knowledge. The middle section starts with Jesus' glorious appearance at the Transfiguration, a scene in which Jesus displays his heavenly glory, accompanied by Elijah and Moses. It then describes a journey to Jerusalem during which Jesus both predicts his own death and outlines the cost of discipleship for those who would follow him. Disciples, he says, will have to take up their own cross, perhaps literally, and renounce all worldly honour and status. The final part of the story describes Jesus' entry into Jerusalem and his last week, outlining in some detail the final evening, his arrest, trials and crucifixion. [66] The Gospel ends enigmatically with a group of women at the empty tomb, who run away terrified, though later audiences were unhappy with this ending and added a number of resurrection appearances (Mark 16.9-20).

This early biography of Jesus proved extremely popular, travelling widely and influencing much later literature. The Gospels of Matthew and Luke are thought to have used Mark as a major source a decade or so later, though both produce their own, distinctive portraits of Jesus.

Matthew was probably written for Christians who still considered themselves part of the Jewish synagogue or had only recently left. The Evangelist recasts Mark's Jesus within a much more recognizably Jewish context. He is presented as the Son of David, a lawgiver like Moses (Matthew 5) and throughout is continually shown to be the fulfilment of scriptural promises: this Gospel includes over 60 scriptural quotations. Matthew arranges his material so that he incorporates five blocks of teaching, reminiscent of the five books of Moses in the Torah, the most famous being the Sermon on the Mount (Matthew 5-7).

Luke continues the Gospel story into a second volume known as the Acts of the Apostles. While the Gospel charts the spread of the new faith to Jerusalem, the centre of the Jewish world, the sequel chronicles its movement to Rome, the centre of the imperial world. Clearly this Evangelist has a particular interest in bringing the Gentile mission into his story of origins. [67] Luke's Jesus is a Spirit-filled teacher and prophet who dies simply because it is always the fate of prophets to be rejected by Israel (Luke 13.33-34). His Jesus brings salvation from political oppression (1.71, 74) and is an advocate of economic reversal and social inclusion. Luke's Gospel to the poor and outcast has resonated with many Christians through the centuries and is still relevant today.

Both Matthew and Luke provide Jesus with a genealogy. While both trace his descent through King David, Matthew tracks it ultimately to Abraham, the father of the Jewish race, while Luke tracks it to Adam, the first human. Of greater significance in the long run, however, were the miraculous accounts of his birth. It was a common assumption in the Graeco-Roman world that great men should have unconventional births. Olympias, the mother of Alexander the Great, for example, is said to have dreamt that her womb was struck by a thunderbolt, causing a flame to spread throughout her body - an indication that Zeus was her child's father. Similarly Atia, the mother of the Emperor Augustus, is said to have been impregnated by the god Apollo in the form of a snake as she slept at his temple. Several characters in the Jewish Scriptures have notable births, being born either to an older woman, such as Sarah, in her eighties when she bore Isaac, or to someone known to be barren, such as Hannah, Samuel's mother. The unusual birth is taken to be a clear sign that the child has been specially chosen by God. Matthew and Luke draw on these conventions, but both go further than anything in the Jewish Scriptures. [68] The mother of the Messiah wasn't simply old or barren, they maintain, but a virgin who had not yet slept with a man.

Whether the Evangelists intended their accounts of Jesus' birth to be taken as historical is anyone's guess. Both were written in the late first century, long after anyone had any reliable information about actual events. The two accounts are quite different and reconciling them is no easy task - as anyone who has ever tried to put on a nativity play will know. What the poetic language shows, however, is that the true father of Jesus was not Joseph the carpenter, but God. Moreover, Jesus did not simply become the Son of God at his baptism, as Mark's Gospel suggests, but was always God's son - from the moment of his conception. Finally, the birth at Bethlehem, the city of David, establishes his messianic credentials as one truly from the house and lineage of David.

At the other end of the story, Luke adds another event that was to prove important in the Christian view of Jesus: his ascension into heaven. This is narrated twice, once at the end of the Gospel (Luke 24.50-51) and again at the start of his second volume (Acts 1.1-11). On a purely practical level, Luke's story draws a line under the resurrection appearances and explains what happened to Jesus' resurrected body, which for Luke is a solid, physical body. More importantly, though, Luke makes it clear that Jesus has ascended to the right hand of the Father, where he is now seated in glory. Characters in Acts occasionally catch a glimpse of the exalted Jesus: Stephen sees a vision of him before he dies as the first Christian martyr (Acts 7.55-56); Paul sees and hears him on the Damascus road (Acts 9). [69]

Turning to John's Gospel, we encounter a range of new Christian images for Jesus. Right from the prologue we learn that

Jesus is the Word of God, an embodiment of divine Wisdom and the agent of God's creation. While other Gospels leave the divinity of Jesus ambiguous, John is quite clear: the Word was God (John 1.1). This Gospel stresses Jesus' pre-existence, the idea that he had a heavenly life before his earthly ministry (for an earlier articulation of this belief, see Philippians 2). And throughout his work, the Evangelist presents Jesus as the fulfilment and replacement of Jewish feasts and institutions: Jesus is the new Temple (chapter 2), the new manna in the wilderness (chapter 6) and the new paschal lamb (chapter 19). Other distinctive portraits of Jesus can be found in Hebrews, a homily exploring the cosmic significance of Jesus as heavenly High Priest, and the book of Revelation which, in a series of apocalyptic visions, adds to the rich store of Christian symbolism by casting Christ as 'first and last', the Lamb of God, divine Warrior and the one who sits on God's throne and receives worship.

Other portraits of Jesus

By the early second century, most of the documents in what would become the New Testament had been written. There was, however, no 'New Testament' at this period, nor was there any concept of a 'canon', or body of authoritative writing. [70] Different Christian groups presumably had their own favourites. Paul's letters and the Gospels seem to have been popular with everyone, especially Matthew's Gospel, which was pre-eminent in the early Church, but other writings were still taking shape, and as the next few centuries wore on, an ever-increasing body of Christian literature was produced.

Much of this literature was the product of pure curiosity: what was Jesus like as a child, for example? Only one of the four canonical Gospels give us a story from Jesus' childhood: discovering after a day's travel that their twelve-year-old son wasn't with them, Jesus' distraught parents return to Jerusalem only to find him discussing legal matters with teachers in the Temple. 'Did you not know that I must be in my father's house?' asks the surprised child (Luke 2.41-51). Christians naturally wanted to know more about Jesus' childhood and upbringing, and a number of writings filled in the details with legendary accounts.

One work that achieved great popularity was the *Protoevangelium of James*. This second-century prequel to the Gospels tells us about Jesus' mother Mary, including her own extraordinary conception and childhood and her great piety and perpetual virginity. The birth of Jesus is recounted at the very end of the story, where it takes place in a cave outside Bethlehem - and causes his mother no pain whatsoever! Covering somewhat later ground, the *Infancy Gospel of Thomas* recounts a number of incidents from Jesus' childhood. [71] In one, he gives life to clay birds on the Sabbath but in others he is a menace, wielding God-like powers with the petulance of a child. At the other end of the story, we find letters from Pilate to the emperor explaining his actions, transcripts of Jesus' trial and accounts of the deaths of the disciples. Of particular interest are the *Gospel of Peter*, which describes the resurrection itself and memorably features a walking, talking cross, and the *Gospel of Nicodemus*, which recounts Jesus' descent into Hades on Easter Saturday and his preaching to the dead.

Much of this literature was perfectly orthodox, providing simple, pious fiction for the faithful until well into the Middle Ages. While lacking any great theological sophistication, these texts nevertheless proved highly influential in shaping popular conceptions of Jesus and other actors in the Christian drama. The

Protoevangelium of James, for example, played an important role in emerging Marian devotion, and the *Gospel of Nicodemus* provided a written account of an event popularized by the medieval mystery plays and known as the 'harrowing of hell'.

Another body of literature, however, was more threatening, at least to the church fathers of the second century and beyond. These were the writings of the Gnostics. Influenced by Greek philosophy, Gnostics held a dualistic view of the universe, with the realm of light, goodness and spirit on one side, and darkness, evil and matter on the other. The Supreme God belonged to the heavenly realm of light, but humans were trapped in the world of darkness, created by a lesser god known as the Demiurge. In order to ascend to the realm of light, people needed knowledge (or *gnōsis* in Greek, hence 'gnostic'). [72] Not all Gnostics were Christian, but those who were produced a number of esoteric texts, some of which were found in a jar in the Egyptian town of Nag Hammadi in 1945. Of note here are the *Gospel of Philip*, the *Gospel of Truth* and the *Dialogue of the Saviour*.

Gnostic-Christian texts tend to cover two major topics. The first is speculation on Jesus' existence *before* he entered the world, and the texts often include complicated cosmologies designed to explain how the Supreme God could take on corrupt human flesh. Generally speaking, however, the gulf between the world of light and earthly matter was too wide, and most Gnostics believed that Jesus only *seemed* to be a real human and so did not really suffer and die - a point that was to put them at odds with the emerging orthodox view. The second area of interest focuses on the secret teaching of the risen Jesus, providing readers with the necessary knowledge to enable the soul to ascend to its true heavenly home.

Probably the best-known gnostic text is the *Gospel of Thomas* - not to be confused with the infancy gospel of the same name mentioned above. This second-century document contains 114 verses, most of which are sayings of Jesus given in secret to Thomas. Some of these are very similar to the kind of things we read in the New Testament Gospels. For example:

> Jesus said, 'Look, the sower went out, took a handful (of seeds), and scattered (them). [73] Some fell on the road, and the birds came and gathered them. Others fell on rock, and they didn't take root in the soil and didn't produce heads of grain. Others fell on thorns, and they choked the seeds and worms ate them. And others fell on good soil, and it produced a good crop: it yielded sixty per measure and one hundred and twenty per measure.'
>
> (*Gospel of Thomas*, 9)

Other sections are very different:

> Jesus said to them, 'When you make the two into one, and when you make the inner like the outer and the outer like the inner, and the upper like the lower, and when you make male and female into a single one, so that the male will not be male nor the female be female, when you make eyes in place of an eye, a hand in place of a hand, a foot in place of a foot, an image in place of an image, then you will enter [the kingdom].'
>
> (*Gospel of Thomas*, 22)

Like other gnostic works, there is nothing in this gospel on Jesus' suffering, death or even resurrection. Salvation is not through Jesus' death on the cross but through the acquisition of secret knowledge.

The church fathers were strident in their critique of these gospels, but Gnosticism wasn't for everyone, and the most popular Gospels in the early Church remained the four we now find in the New Testament. Ironically, perhaps, it was in the fight against groups later branded as 'heretics' that the New Testament began to take shape. From the mass of Christian literature now available, church leaders sought to put together a group of authoritative, trustworthy texts that the faithful could read without peril. [74] Rather than imposing works from the top down, however, they tended to favour texts that had already achieved a measure of popularity. The formation of a canon was a slow process, and it was not until the fourth century that a collection that we would recognize emerged. In his festal letter of 367, Bishop Athanasius of Alexandria listed 27 texts in which 'the teaching of godliness is proclaimed' - exactly the same texts that are found in the New Testament. Athanasius' list was not the final word, however. Some still wanted to exclude the book of Revelation and a number of letters, while others wanted to include the *Shepherd of Hermas* and the *Epistle of Barnabas*. Still, it was a significant step in the movement towards establishing a canon, and it meant that the portrait of Jesus found in these 27 works - and only these 27 - would increasingly be regarded as authoritative.

Jesus the God

The first three centuries were a difficult time for the early Church, which found itself at the centre of sporadic persecution by decree of either the emperor or local governors. A decisive step in its fortunes, however, came with the accession of Constantine, the first Christian emperor, who reigned from 306 to 337. He was responsible for the Edict of Milan in 313, guaranteeing toleration for Christians throughout the Empire. He also ordered the building of the church of the Holy Sepulchre on the site of Jesus' tomb, a place that was to become one of the holiest sites in Christendom. [75]

It was in the reign of Constantine that the Church began a series of councils, aimed at articulating Christian belief. The figure of Jesus posed particular problems: how could Jesus be both a human creature, obedient to the Father and subject to normal human limitations, and yet at the same time God? In 325, a large number of bishops from throughout the Roman Empire gathered in Nicaea to give their attention to what was known as the 'Arian controversy'. An Alexandrian presbyter named Arius so emphasized the supremacy and uniqueness of God the Father that he tended to downgrade the Son. The Son, he claimed, was created by the Father, the first and most perfect of God's creatures. The implication of this was that the Son had a beginning, unlike the Father, and so was not eternal. He was sharply opposed by the Bishop of Alexandria, who argued that the Son was 'eternally begotten' by the Father from his own being, that the two were one in both being and purpose, and that the two were co-eternal. Both sides could appeal to Christian writings in support of their views, often from the same texts. Arius, for example, could cite John 14.28 ('for the Father is greater than I'), while his opponents could point to John 10.30 ('I and the Father are one'). In the end, the decision went overwhelmingly against Arius. The council declared the Son to be the true God, co-eternal with him and begotten from his same substance. Their formulation was expressed in the Nicene Creed, a statement of faith still used by Christians today. [76]

> We believe in one Lord, Jesus Christ,
> the only Son of God,
> eternally begotten of the Father,
> God from God, Light from Light,
> true God from true God,

begotten, not made,
of one Being with the Father.
Through him all things were made.
For us and for our salvation
he came down from heaven:
by the power of the Holy Spirit
he became incarnate from the Virgin Mary, and was made man.
For our sake he was crucified under Pontius Pilate;
he suffered death and was buried.
On the third day he rose again
in accordance with the Scriptures;
he ascended into heaven
and is seated at the right hand of the Father.
He will come again in glory to judge the living and the dead,
and his kingdom will have no end.[5]

Subsequent councils fine-tuned this description, the Council of Chalcedon (431 CE) famously describing Christ as 'fully God and fully human'. This quickly became the mainstream Christian view of Jesus, and has remained so within most denominations ever since. [77]

These debates and controversies underline just how far the Church had travelled from its Hebraic roots within just a few centuries. By the fifth century, the figure of Jesus was firmly understood within Greek philosophical concepts relating to his divine being, nature and substance. The Jewish prophet from Nazareth was now worshipped by his followers as God incarnate. [78]

7

Art, relics, passion plays — and even time itself

We ended the last chapter in the rarefied world of Christian intellectuals and their councils in the fourth and fifth centuries. But as the centuries passed, how did ordinary people relate to Jesus, particularly as Christianity became dominant in Europe throughout the Middle Ages? In this chapter we shall consider a range of ways people related to the figure of Jesus - through pilgrimage, the cult of relics, mystery plays and even the divisions of time. First, though, we'll ask what image people had of the founder of their faith.

Jesus in art

Curiously perhaps, the Gospels give us no description of what Jesus looked like. We might have expected to be told that he was handsome with beautiful eyes, like King David before him (1 Samuel 16), but the Evangelists remain remarkably silent on the issue. The book of Revelation gives a terrifying account of the risen Jesus, featuring white hair, fiery eyes and brazen feet (Revelation 1), but this is no help whatsoever in picturing the man from Nazareth. Most of the early church fathers simply assumed that Jesus had been physically beautiful, though others promoted an 'ugly Jesus'. [80] Some who held this view were opponents of Christianity, such as Celsus, who described Jesus as 'ugly and small'. Others, such as

Tertullian and Irenaeus, drew inspiration from the prophet Isaiah, who foretold the uncomely appearance of God's Servant (Isaiah 53).

Perhaps because of the Jewish ban on graven images (Exodus 20), artistic representations of Jesus took a while to appear. The earliest Christians preferred to draw on a range of symbols to denote Christ and their allegiance to him. Best known is the fish symbol, where the Greek word for fish, *ichthus*, spells the first letters of various key Christian terms:

I *Iēsous* (Jesus)
Ch *Christos* (Christ)
Th *Theos* (God)
U *huios* (Son)
S *Soter* (Saviour)

Later on, the Chi-Rho symbol also became popular, standing for the two Greek letters that start the name 'Christ': Chi (χ) and rho (ρ), giving ☧.

The earliest Christian portraits of Jesus come from the church at Dura-Europos in Syria and date to shortly before 250 CE. The church contains three paintings of Christ, as the good shepherd, healing the paralytic and walking on water with Peter. [81] In each of these, Jesus is presented as a young philosopher, with short hair, tunic and cloak. Similar paintings emerged in the catacombs in Rome, now paying particular attention to Jesus' baptism, the raising of Lazarus and the Last Supper. And from the fifth century onwards, two-dimensional painted icons became popular in the Eastern Church, drawing inspiration particularly from Jesus' glorious appearance at the Transfiguration.

The familiar portrait of Christ on the cross took some time

to develop, largely because of the intense revulsion associated with crucifixion and its victims. Its earliest attestation is actually in the context of an insult. It takes the form of a crudely drawn graffito, found on the Palatine Hill in Rome, and dating to around the third century. It depicts a donkey-headed man on a cross, accompanied by a man with a hand raised in praise and the words 'Alexamenos worships his God'. As pagans often linked the Jewish God with a donkey in antiquity, the whole scene is clearly meant to ridicule a Christian believer by the name of Alexamenos. It was not until the fourth century that Christians were able to reclaim the image of the cross and make it central in their iconography. Under Constantine, crucifixion was banned, and with the finding of the 'true cross' by Constantine's mother Helena, and the rise of pilgrimage to the newly established church of the Holy Sepulchre, the image of Christ on the cross steadily grew in popularity. [82] By the thirteenth century a crucifixion scene - whether a painting or a crucifix - formed the focal point of every church altar. This is still the case in most Catholic churches, though since the Reformation, Protestant churches have favoured an empty cross, as a symbol of the resurrection.

The life of Jesus provided rich material for artists throughout the ages and forms the bedrock of the Western artistic tradition. Nativity scenes were popularized by St Francis of Assisi in the late twelfth century, and were particularly widespread in southern Europe in the centuries that followed. Leonardo da Vinci produced a physically beautiful Jesus in his famous portrait of the Last Supper in the late 1400s, and a century later Caravaggio split public opinion with his naturalistic interpretations of biblical scenes. Although a standard portrait as a bearded man with flowing hair did gradually develop, most artists presented a Jesus who conformed to their own cultural stereotypes, both in dress and appearance. It was not until the twentieth century that artists displayed an awareness of Jesus' 'otherness', not only in portraiture but also in plays and films (see below).

Pilgrimage and relics

With the rise of pilgrimage in the fourth century and beyond, sacred sites and saintly relics came to occupy an increasingly important place in Christian piety. Jerusalem was an obvious draw, but so too was Rome with its tombs of Peter and Paul, and Santiago de Compostela in Spain, the final resting place - it was claimed - of James, the son of Zebedee. [83] By the eighth century, relics of some sort or another were to be found in most Christian churches, and it was widely believed that the saints associated with them might perform miracles, perhaps curing illness or interceding on behalf of the faithful in heaven. Some of the more successful shrines were a source of great income to the surrounding community, with throngs of visitors contributing to the local economy.

In 326-8, the Empress Helena, the mother of Constantine, made a pilgrimage to the Holy Land, where she is said to have found wood from the cross of Christ along with some of the nails used at the crucifixion. Not surprisingly, these became some of the holiest relics of Christendom, and a number of other items from the Passion appeared in the courts of Europe over the next few centuries. A pillar on which Jesus was said to have been scourged was known from at least the third century, and a crown of thorns that appeared in the fifth century, was eventually acquired by Louis IX of France and is now in Notre-Dame Cathedral in Paris. Of great importance to the Holy Roman Empire was the Holy Lance, the spear used to pierce Jesus' side at the crucifixion and said to be embellished with one of the nails from the cross; as a symbol of power and authority, kings and emperors took it into battle with them and kept it closely guarded. And the cup from the Last Supper also acquired a special status, particularly once it was linked with the Holy Grail legends in the Middle Ages. Of course, establishing the authenticity of any of these 'relics' has never been easy. In the sixteenth century Erasmus wrote sarcastically about the number of buildings that could be made from fragments of the 'true cross'. [84] At least 30 crucifixion nails were in existence by the early 1900s, and museums and basilicas currently boast at least four Holy Lances.

Unlike the saints, Jesus had ascended into heaven, meaning that no bodily remains were available. The only exception to this was his foreskin, which was removed at his circumcision. Rather bizarrely perhaps, a number of churches claimed to possess this and to have benefited from the miraculous powers associated with it. According to the apocryphal *Arabic Infancy Gospel*, the old Hebrew woman who performed the circumcision preserved the foreskin in an alabaster box full of expensive oil – the very same oil that 'Mary the sinner' later poured over Jesus and wiped with her hair (Luke 7). On Christmas Day in 800 CE, the Emperor Charlemagne gave Christ's foreskin to Pope Leo III at his coronation. Charlemagne apparently claimed that an angel gave it to him when he prayed at the Holy Sepulchre, though another account says it was a wedding gift from a Byzantine empress. Several other foreskins appeared across Europe, though most disappeared after the Reformation, and the one that had originally been given to Leo III was stolen in the 1980s.

Perhaps the most significant relic associated with Jesus, however, is the Shroud of Turin, believed by many to be the cloth wrapped around him at his burial. The long piece of linen contains two faint sepia images of a naked man (front and back), with his hands crossed over his genitals and with the long hair and beard associated with portraits of Jesus. Radiocarbon dating carried out in 1988 suggested that the cloth dates from the Middle Ages, which coincides quite neatly with its first appearance in France in 1357. [85] Despite this, the 'shroud' continues to attract millions of visitors, including Pope John Paul II and Pope Benedict XVI.

Roughly contemporaneous with the cult of relics in medieval Europe were the hugely popular mystery plays. At first they were performed in the churches, but when, in the early thirteenth century, Pope Innocent III forbade clergy to participate in them, they were taken on by town guilds. From then on they were performed in the vernacular rather than Latin, non-biblical scenes were added and the whole performance became more elaborate, often lasting several days and adopting an irreverent tone. Some attempted the broad sweep of biblical history, from creation to judgement day, while others were more focused, the Passion being a particular favourite at Easter.

One of the most famous passion plays was first performed at Oberammergau in Bavaria in 1634. During a plague, the residents of the town are said to have promised God that they would put on a play every ten years if he spared them. In the end, the town didn't succumb to the epidemic and the play has been performed every decade since. It has been rewritten several times, most recently in response to charges of anti-Semitism, but even today attracts thousands of pilgrims.

The ancient Church always had a particular interest in the calendar and dating systems. [86] This was largely because its major feast, Easter, required a certain amount of complicated reckoning to transpose a *solar* reference point - Easter was celebrated on the first Sunday after the first full moon on or after the spring equinox - on to the *lunar* calendars in use throughout the Roman world.

Christians from Luke onwards had simply adopted the Roman system of dating events by the reign of emperors - a system that itself went back to the founding of Rome under Romulus and Remus. By the early sixth century, the most common dating system was based on the years of Diocletian; since this emperor had been a persecutor of the early Church, however, this was not an ideal situation. In 525, Dionysius Exiguus ('Dennis the Small', or perhaps 'Humble'), a Scythian monk living in Rome, worked out an entirely new dating system, counting from the annunciation of Christ's birth. Years would now be designated Anno Domini (AD), or 'year of our Lord'.

It is not quite clear how Dionysius went about his calculations, and many modern scholars think he got the date of the annunciation wrong. The Gospels, however, do not give us an exact date for the events surrounding Jesus' nativity. Luke links it with the census under Quirinius that took place in 6 CE. More commonly, scholars rely on Matthew's dating, which suggests that Jesus was born shortly before the death of Herod (4 BCE), perhaps around 6 BCE. A date somewhere in the middle of these two possibilities may not be all that far off the mark, and is perhaps as much as we can achieve at this distance from events. [87]

The new calendar took a little time to catch on. It was used by the English historian the Venerable Bede in his *Ecclesiastical History of the English People*, completed in 731, and Alcuin of York introduced the system to the Carolingian Empire some decades later, thereby spreading it throughout western Europe. It was not until the fourteenth century that it was firmly adopted by Catholic Europe, however, Portugal being the last to change in 1422. And it was only from 1700, the year Russia relinquished the old Byzantine calendar, that it was adopted by the Eastern Orthodox Church. The effect of this change was to situate the life of Christ as a turning point in history, world events now being measured according to whether they occurred before or after his birth. Although Jews and Muslims have their own systems, the calendar remains the most widely used dating system today. In recent times, however, some have become uncomfortable with its explicitly Christian orientation and have replaced AD and BC with CE and BCE ('Common Era' and 'Before the Common Era'), a convention adopted in this book. The dates are identical; only the designation has changed.

Jesus' life has also left its mark on divisions within the year. Years are divided up in many countries by Christian feasts, predominantly Christmas and Easter. Schools, universities and often governmental terms are arranged around Christian holidays, and a host of other, smaller Christian festivals punctuate the calendar: Ascension, Whitsun, saints' days and so on. While the latter may be increasingly disappearing from the more secular countries of northern Europe, they remain part of the social landscape in the predominantly Catholic countries of the south. [88]

In the next chapter we shall turn our attention to the influence of Jesus today, both among believers and among those who profess no particular Christian adherence. [89]

8

Jesus today

Jesus' greatest legacy is, of course, the Christian Church. With over 2.2 billion adherents throughout the world, amounting to a third of the people on earth, the movement that Jesus inspired is truly global. In this final chapter we shall consider not only the Christian religion but also Jesus' place in other world religions, along with his strangely enduring role in the increasingly secular West.

Contemporary Christianity

The Church has always been associated with missionary activity – from the spread of the new faith to Rome in the book of Acts, through to the evangelization of the 'new world' in the great 'age of discovery' in the fifteenth to the eighteenth centuries. Hot on the heels of European exploration and colonial conquest went Christian missionaries, often forcibly converting indigenous peoples, resulting in a variety of beliefs as older traditional ideas incorporated the new faith.

Today the areas of greatest growth are largely to be found in Africa, the former Soviet bloc and China. [90] Christianity is more firmly rooted in the Global South than in the West, which, faced with increasing secularization, has seen a distinct turning away from 'organized religion' – a point we shall come back to below. In many respects this represents a return to an earlier phase of the Church. Christianity was never a 'European' religion: the earliest church fathers were largely North African; Christian monasticism started in Egypt; and before the emergence of Islam, Christians had a large presence in Iran, Afghanistan, Yemen, Saudi Arabia and most central Asian countries. The apostle Thomas is said to have taken the faith to India, and the Church made inroads into China and Mongolia relatively early. Ironically perhaps, missionaries now come from Africa, Latin America and East Asia to the West.

Churches that have seen particular growth over recent decades tend to be the Evangelical and Pentecostal ones, with their stress on the authority of the Bible and the need for believers to be 'born again'. Both groups are particularly strong in the USA and the Global South, and are often associated with theologically conservative positions on questions of gender and sexuality.

Through all its differing manifestations, the Church has continued to promote the life, death and example of Jesus Christ. Readings from the Gospels recall stories from his life, prayers ask him to intervene with his heavenly Father, and sermons ponder the meaning of his words for life today. A popular Evangelical youth movement in the USA in the 1990s promoted wristbands on which were written 'WWJD' - 'What Would Jesus Do?' [91] The point of the wristbands was to encourage young people to base their morality on the life and love of Christ, something that goes back, of course, to the ancient idea of 'imitation of Christ' enshrined in the Gospels themselves.

Alongside all this, a lively tradition of hymn singing also characterizes most Christian churches. The Reformation produced two different reactions to hymns. One response was to reject anything that wasn't biblical, including hymn singing and music in churches - only psalms and plainchant were allowed. An alternative approach, championed particularly by Martin Luther, produced a burst of hymn writing and congregational singing. Gradually hymns emerged that didn't simply paraphrase Scripture: the Methodist Charles Wesley was famous for writing over 6,000 hymns, including 'Hark the Herald Angels Sing'; the 'Second Great Awakening' in the USA in the early nineteenth century led to an explosion of sacred music, including 'Amazing Grace' and 'How Great Thou Art'; African Americans produced distinctive spirituals; and contemporary worship over the last few decades has been very much influenced by popular music. Hymns, like poems, allow their authors great scope for contemplating both the character of Jesus and the Christian response to him today.

Jesus in Islam

Christianity is not, however, the only world religion to revere Jesus: he also plays a prominent role within Islam. [92] This is perhaps not particularly surprising, given that Islam emerged in close proximity to both Jews and Christians, and attracted converts and controversies from both faiths. Portraits of Jesus found within Islam show influence from the full range of Jesus literature available by the early seventh century - not only the canonical Gospels but apocryphal and gnostic ones too.

Jesus is actually a major figure within Islam, mentioned in 15 out of the Qur'an's 114 chapters. He is considered a prophet of the highest rank, a messenger or *rasul* who brings a book (the gospel), alongside Abraham, Moses and Muhammad. Although the Qur'an mentions Jesus' miraculous conception, he is not considered divine. He is called the 'Spirit of God' because he was born through the action of the Spirit and performs miracles through the power of God. Jesus was not actually crucified, though it looked that way to unbelievers; instead, he was physically raised to the heavens at the ascension, which for most Muslims is the major event in his life. Most believe that he will return to earth at the end of time and defeat the anti-Christ, *ad-Dajjal*. Very little of Jesus' teaching is preserved, perhaps because Muslims consider that the Gospels have lost Jesus' authentic message, such that Muhammad needed to come later to restore it. In this way, Jesus is very much seen as a precursor to Muhammad himself. [93]

Jesus in Judaism

Within Judaism, perceptions of Jesus tend to be much more hostile. Once again there are good historical reasons for this: we saw in Part 1 that several sections of the New Testament are anti-Jewish, and the two faiths split from one another amid often acrimonious controversy. Throughout the Middle Ages, passion plays presented Jews as Christ killers, stoking the fires of Christian anti-Semitism, leading to hostility and suspicion and eventually anti-Jewish pogroms. Jewish rabbis saw Jesus as an apostate, a sorcerer who proclaimed himself to be divine. An extremely popular medieval Jewish tract known as the *Toledot Yeshu* (*The History of Jesus*) claimed that Mary was raped by Joseph Pandera (possibly a Roman soldier); that Jesus performed miracles by the power of God's name, which he had smuggled out of the Temple; that the Jewish leaders charged him with sorcery and leading followers astray; and that his body was later taken by a gardener and buried elsewhere (hence the empty tomb).

From the nineteenth century onwards, however, Jewish scholars began to take an interest in the historical Jesus, reclaiming him as 'Jesus the Jew' and regarding him as someone who merited a place in Jewish literature alongside other ancient sages. It became clear that Jesus did not want to found a new religion, that he was law-observant to the last and that he actually had much more in common with the Pharisees than the Gospels tend to suggest. [94] In the wake of the Holocaust, much work has been done on Jesus' crucifixion. It is now generally acknowledged that primary responsibility for Jesus' death rested with the Romans and that the charge was not blasphemy but sedition. The Christian tendency to blame 'the Jews' for Jesus' death is now seen as inaccurate; at most a small group of Jewish leaders handed Jesus over to the Romans, and even here there were doubtless good reasons for what they did. In 1965 the Second Vatican Council formally dismissed the idea that Jews were to blame for Jesus' death and were thus rejected by God. This has led to better relations between the two groups, which are now more likely to be seen as 'sibling faiths' rather than rivals.

Cultural Christians

As already noted, the rise of secularism has led to a turning away from organized religion in certain areas, particularly the north and west of Europe. While some are happy to embrace atheism or to declare themselves agnostics, there has been a rise in the number of people describing themselves as 'cultural Christians', those who neither accept the theological beliefs of the Church nor look to Christ as a saviour figure but, as a result of growing up within a broadly Christian society, are happy to identify themselves with Christian *culture* in the same way that non-practising Muslims and Jews might appeal to their distinctive cultural traditions. [95] Christian feasts, hymns, nativity plays and requiem masses are all part of our shared cultural context, and one does not have to be a practising Christian to find them socially relevant or even spiritually moving.

While the Church often fares badly in much modern secular discourse, the figure of Jesus of Nazareth has proved remarkably resilient. He continues to be held up as a great moral teacher and example to others, even by people with no particular Christian belief. Like Mahatma Gandhi, he is commonly regarded as a genuinely good man with a strong moral outlook.

In an age of declining biblical literacy, most people nowadays derive their knowledge of Jesus from films and other media. Within the English-speaking world, Franco Zeffirelli's six-hour television miniseries *Jesus of Nazareth* was a significant milestone in 1977. Reaching audiences in the hundreds of millions worldwide, the actor Robert Powell's blue-eyed ethereal figure defined the image of Jesus for a generation. Two years later, and using the same set as Zeffirelli, *Monty Python's Life of Brian* (1979) set an altogether more irreverent tone. Although the producers were careful to distinguish between the Christ figure - who appears only a couple of times - and the hapless Brian, the similarities between their stories ensured that the film would be surrounded by controversy from the beginning. More recently, Mel Gibson's *The Passion of the Christ* (2004) caused an outcry both because of its violence and its frequent anti-Jewishness. [96] Of course, crucifixion *was* brutal, probably even more so than Gibson portrayed; and the anti-Jewish tone stems from the Gospels themselves, particularly in the Passion narratives. Nevertheless both aspects of the film offended modern sensibilities.

The question of Jesus' relationship to Mary Magdalene continues to be of great popular interest. In 1970 it was explored in a sensitive manner by Andrew Lloyd Webber and Tim Rice in their rock opera *Jesus Christ Superstar*, where a doting Mary sings of her love for Jesus. Much more controversially, Martin Scorsese's

The Last Temptation (1988), based on Nikos Kazantzakis' novel *The Last Temptation of Christ*, depicted a dying Jesus tempted by Satan to come down from the cross, marry Mary Magdalene and live a normal family life. Although Jesus resists temptation, the film caused a scandal and was banned in many countries for several years. Similar themes were taken up and developed in Ron Howard's *The Da Vinci Code* (2006), based on Dan Brown's bestselling novel of the same title, where Jesus and Mary have a child, establishing a bloodline that runs through the Merovingian kings of France and on to the present day. The central characters are caught up in an implausible web of intrigue involving Vatican conspiracies and a host of 'usual suspects' - the Priory of Sion, Opus Dei, the Knights Templar and legends of the Holy Grail. [97] At present, 'swords and sandals' films show no signs of abating - the History Channel's ten-hour adaptation of *The Bible* and its film spin-off, *Son of God* (2014), are only the latest manifestations.

Perhaps more intriguing than adaptations of the life of Jesus, however, are novels and films that tap into a powerful 'Christ myth'. In these a good and virtuous character often sacrifices him or herself for others and ends up dying in a manner reminiscent of crucifixion, perhaps with arms outstretched or with words of forgiveness. A well-known example of this is Aslan in C. S. Lewis' series of novels The Chronicles of Narnia, where the Christian imagery is overt. Less conspicuous, though still frequently following this narrative arc, are J. K. Rowling's Harry Potter novels, J. R. R. Tolkien's Gandalf, Neo in the *Matrix* film trilogy, John Connor in the *Terminator* film series and often the Doctor in the very long-running UK television series *Doctor Who*. While most of these could not be described as 'Christian' (a recent *Doctor Who* writer, for example, is an atheist), their plotline follows a distinctively Christian scheme - one so fundamental to most people brought up in Christian countries that we hardly notice it.

Postscript: Christ the Redeemer

In the summer of 2016, the Olympic Games were held in the Brazilian city of Rio de Janeiro. Standing high above on the Corcovado Mountain and overlooking the city is the huge Art Deco statue of Christ the Redeemer. [98] With his arms outstretched, the statue symbolizes not just Christ's care and protection of the people down below but Christianity throughout the world. As thousands of people watched the games, and millions more tuned in on their television sets, the figure of Christ was a constant, if sometimes peripheral, presence.

In many respects the statue sums up the subject of this book. Born in a rural backwater, Jesus' message of the imminent arrival of God's kingdom got him into trouble with the political authorities of his day. He was betrayed by a friend, arrested and executed, with little in the way of a formal trial. But that was not the end of his story. Three days later his followers claimed that he had been raised from the dead and exalted to glory, and that conviction, and its implications, only became stronger with the passage of time. Two thousand years later, many are still drawn to this enigmatic figure. For some he is an abiding presence who calls them to worship; others hold him in respect as a great teacher and moral example; and even those with no particular interest find themselves bombarded by his image and legacy. One thing is certain: without Jesus of Nazareth, modern society would look very different. [99]

Glossary

apocalyptic takes its name from a type of literature containing visions and revelations to do with the end times. An 'apocalyptic prophet' is one who announces impending judgement

chief priests aristocratic Jerusalem priests responsible for the day-to-day running of Judaea. The High Priest was chosen from their number

Gentiles non-Jews

Gnosticism a philosophical system popular from the second century CE; for Christian Gnostics, salvation came through the acquisition of secret knowledge

Gospel the term originally meant 'good news' but came to denote a specifically Christian work presenting the life, ministry and death of Jesus, or part of it

Hasmonaeans Jewish High Priest-Kings of the second/first century BCE; descended from the Maccabees

Herod I (also known as Herod the Great) Idumaean Jew put on throne by Rome, ruled from 37 BCE to 4 BCE

Josephus aristocratic Jewish general and historian, 37–c.100 CE. Almost everything we know about Judaea in this period comes from Josephus' two works, *The Jewish War* and *the Antiquities of the Jews*

Passion this comes from the Latin word for 'suffering' and is commonly used for the suffering of Christ as depicted in the Gospels. The concluding chapters of the Gospels are often referred to as the 'Passion narratives'

Pharisees a Jewish sect known for their interest in purity, biblical interpretation and oral traditions

prefect title of the Roman governor of Judaea

purity the state in which a person is ready to enter the holy Temple of God. Many things can make a person impure (or unclean): contact with an impure person or thing, e.g. a corpse, bodily emissions. Ritual washing usually restores purity

Son of Man a phrase Jesus often used to refer to himself. On one level it simply means 'I', but it may also have deliberately evoked the end-time figure of Daniel 7

Temple located in Jerusalem and sole cultic centre for the worship of the Jewish God. The Second Temple was built after the return from exile and refurbished on a lavish scale by Herod I

Torah the Jewish law. Sometimes refers specifically to the first five books of the Bible: Genesis, Exodus, Leviticus, Numbers and Deuteronomy

Transfiguration a scene described in Mark 9.2-8 (also Matthew 17.1-8 and Luke 9.28-36) in which Jesus goes up a mountain with his closest followers and appears to them in his heavenly glory, with white garments and accompanied by Moses and Elijah

Notes

1 Tacitus, *Annals*, 15.44. Loeb Classical Library vol. 322, trans. John Jackson (Cambridge, MA: Harvard University Press, 1989), p. 283.

2 Josephus, *Jewish Antiquities*, 18.63-64. Loeb Classical Library vol. 433, trans. Louis H. Feldmann (Cambridge, MA: Harvard University Press, 1965), pp. 49-51; emphasis added.

3 Philo, *On the Embassy to Gaius*, sections 144-5. Loeb Classical Library vol. 379, trans. F. H. Colson (Cambridge, MA: Harvard University Press, 1962), p. 73.

4 A papyrus fragment containing a few words of Coptic in which Jesus referred to Mary as 'my wife' came to light in 2012. Known popularly as the 'Gospel of Jesus' Wife', the fragment is currently thought to be a forgery.

5 Extract from ⟨http://anglicansonline.org/basics/nicene.html⟩.

Beilby, J. K. and Eddy, P. R., *The Historical Jesus: Five Views* (London: SPCK, 2009).

Bond, H. K., *Jesus: A Guide for the Perplexed* (London: Bloomsbury, 2012).

Brooke, G. J., *The Birth of Jesus: Biblical and Theological Reflections* (Edinburgh: T. & T. Clark, 2000).

Corley, K. E., *Women and the Historical Jesus: Feminist Myths of Christian Origins* (Santa Rosa, CA: Polebridge, 2002).

Crossan, J. D., *Jesus: A Revolutionary Biography* (San Francisco: HarperSanFrancisco, 1994).

Ehrman, B. D., *The New Testament: A Historical Introduction to the Early Christian Writings*, 5th edn (Oxford: Oxford University Press, 2011).

Eve, E., *The Healer from Nazareth: Jesus' Miracles in Historical Context* (London: SPCK, 2009).

Farhadian, C. (ed.), *Introducing World Christianity* (Oxford: Wiley-Blackwell, 2012).

Fisk, B. N., *A Hitchhiker's Guide to Jesus: Reading the Gospels on the Ground* (Grand Rapids, MI: Baker, 2011).

Fredriksen, P., *Jesus of Nazareth: King of the Jews* (New York: Vintage, 1999).

Johnson, L. T., *The Real Jesus: The Misguided Quest for the Historical Jesus and the Truth of the Traditional Gospels* (San Francisco: HarperSanFrancisco, 1996).

Lincoln, A. T., *Born of a Virgin? Reconceiving Jesus in the Bible, Tradition and Theology* (London: SPCK, 2013).

Pelikan, J., *Jesus Through the Centuries: His Place in the History of Culture*, new edn (New Haven, CT: Yale University Press, 1999).
Sanders, E. P., *The Historical Figure of Jesus* (London: Penguin, 1996).

Tatum, W. B., *Jesus: A Brief History* (Oxford: Wiley-Blackwell, 2009).

Taylor, J. E. (ed.), *Jesus and Brian: Exploring the Historical Jesus and his Times via Monty Python's Life of Brian* (London: Bloomsbury, 2015).

Van Voorst, R. E., *Jesus Outside the New Testament: An Introduction to the Ancient Evidence* (Grand Rapids, MI: Eerdmans, 2000).